"互联网+"新形态会计专业精品教材
工学结合项目化系列

# 成本核算会计项目化教程实训
# （第3版）

梁　斌　王　伟　主　编
庾慧阳　贺江莲　副主编
肖艾芳　龙　露　参　编

电子工业出版社

**Publishing House of Electronics Industry**
北京·BEIJING

## 内 容 简 介

本书突出成本会计核算实务，注重动手能力的训练，与《成本核算会计项目化教程》配合使用。本书分为三个部分，第一部分完全针对《成本核算会计项目化教程》一书的 11 个项目，分别编写了相应的练习题进行项目训练；第二部分针对成本核算会计中的主要成本计算方法，品种法、一般分批法、简化分批法、逐步结转分步法、平行结转分步法进行方法训练；第三部分针对成本核算进行系统的综合训练。

本书适合应用型本科、高职高专、成人教育会计专业学生使用，也可供企业会计从业人员及自学考生使用。

未经许可，不得以任何方式复制或抄袭本书之部分或全部内容。

版权所有，侵权必究。

**图书在版编目（CIP）数据**

成本核算会计项目化教程实训 / 梁斌，王伟主编. —3 版. —北京：电子工业出版社，2021.6
ISBN 978-7-121-41198-4

Ⅰ. ①成⋯　Ⅱ. ①梁⋯ ②王⋯　Ⅲ. ①成本会计－高等职业教育－教材　Ⅳ. ①F234.2

中国版本图书馆 CIP 数据核字（2021）第 093743 号

责任编辑：贾瑞敏
印　　刷：北京天宇星印刷厂
装　　订：北京天宇星印刷厂
出版发行：电子工业出版社
　　　　　北京市海淀区万寿路 173 信箱　邮编　100036
开　　本：787×1 092　1/16　印张：10.25　字数：262.4 千字
版　　次：2012 年 1 月第 1 版
　　　　　2021 年 6 月第 3 版
印　　次：2021 年 6 月第 1 次印刷
定　　价：36.00 元

# 前　言

成本核算岗位是会计部门重要岗位之一。为了满足高等职业教育会计专业高技能人才培养目标的需求，我们编写了直接针对会计专业"成本核算"就业岗位的《成本核算会计项目化教程》，为了提高课程教学效果，便于教师教学和学生学习，特编写与之配套的本实训教程。

编写本实训教程的主要目的在于通过练习和实训巩固学生所学的理论知识，提高他们成本会计核算的技能，从而培养学生严谨细致的工作作风，帮助他们养成良好的职业道德和爱岗敬业的精神。本书的编者均是教学和科研一线的"双师型"骨干教师，具有丰富的教学和实践工作经验。

在编写过程中，我们结合实际教学及实践需要，尽力做到简明扼要、合理安排。本书具体特点有以下几点。

1. 习题类型与中华人民共和国财政部助理会计师考试、会计专业技术资格考试题型一致，帮助学生在日常学习中熟悉证书考试题型。

2. 习题由编者团队讨论界定，难度深浅得当，针对重要知识点和技能点，设置各类型训练，以巩固学生的操作技能。

3. 紧跟会计专业人才市场需求，遵循最新财税政策，对成本会计实践教学内容进行进一步优化，体现工学结合理念，注重对学生动手能力的培养。

4. 本书适用面广，不仅适合应用型本科、高职高专、成人教育会计专业学生使用，也可供企业会计从业人员及自学考生使用。

本书由梁斌、王伟担任主编，并对全书进行统稿。编写分工如下：娄底职业技术学院的梁斌负责项目二、项目九、项目十、项目十四和项目十七的编写工作；湖南有色金属职业技术学院的王伟负责项目十一、项目十三的编写工作；娄底职业技术学院的庾慧阳负责项目一、项目五、项目十二、项目十五和项目十六的编写工作；湖南化工职业技术学院的肖艾芳负责项目三与项目八的编写工作；娄底职业技术学院的贺江莲负责项目四与项目六的编写工作；娄底职业技术学院的龙露负责项目七的编写工作。

由于编者水平有限，书中难免有疏漏和错误之处，恳请读者批评指正。

编　者

# 目　　录

## 第一部分　项目训练

# 第二部分　方法训练

## 第三部分　综合训练

# 第一部分

## 项目训练

# 项目一　　认知产品成本

### 一、单项选择题

1. 生产工艺过程不能间断，或者受工作地点限制，生产地点不便分散、间断而必须集中完成的生产是（　　）。

　A. 单步骤生产　　B. 单件生产　　　C. 多步骤生产　　D. 成批生产

2. 工艺技术上可以间断，可以在不同时间、不同地点分别进行，并由若干加工步骤组成的生产是（　　）。

　A. 单步骤生产　　B. 单件生产　　　C. 多步骤生产　　D. 成批生产

3. 材料投产后，要依次经过各个生产步骤的连续加工才形成产成品的生产。其前一个生产步骤完成的半成品，是后一步骤继续加工的对象，直到最后一个步骤完工才形成产成品的生产是（　　）。

　A. 装配式生产　　B. 连续式生产　　C. 多步骤生产　　D. 单步骤生产

4. 各种材料分别平行进行加工，制成各种零部件，然后将零部件装配成产成品的生产是（　　）。

　A. 装配式生产　　B. 连续式生产　　C. 多步骤生产　　D. 单步骤生产

5. 按照用户的订单要求，生产个别的、性质特殊的产品的生产是（　　）。

　A. 单件生产　　　B. 大量生产　　　C. 多步骤生产　　D. 成批生产

6. 成本是产品价值中的（　　）部分。

　A. C+V+M　　　　B. C+V　　　　　C. V+M　　　　　D. C+M

7. 成本的经济实质是（　　）。

　A. 生产经营过程中所耗费生产资料转移的价值

　B. 劳动者为自己劳动所创造的价值

C. 劳动者为社会劳动所创造的价值

D. 生产经营过程中所耗费生产资料转移价值和劳动者为自己劳动所创造价值之和

8. 生产费用是同（ ）相联系的。

A. 期间　　　　B. 产品　　　　C. 生产工艺　　　D. 成本核算方法

9. 成本有广义和狭义之分，广义的成本是指（ ）。

A. 企业为生产经营产品而发生的一切费用

B. 产品生产成本

C. 为生产经营产品而发生的经营管理费用

D. 财务费用

10. 依据我国有关制度规定，能计入产品成本的有（ ）。

A. 废品损失　　B. 资本性支出　　C. 期间费用　　　D. 营业外支出

11. 直接人工成本项目是指（ ）。

A. 管理人员的工资及福利费　　　B. 生产工人的工资及福利费

C. 按生产工人工资提取的福利费　D. 用于职工集体福利设施的开支

12. 以下费用中，应计入产品成本的是（ ）。

A. 职工报销的差旅费　　　　　　B. 应交房产税

C. 广告费　　　　　　　　　　　D. 生产车间的设备折旧费

13. 下列项目不应计入产品成本的是（ ）。

A. 制造费用　　B. 直接材料　　C. 直接工资　　　D. 管理费用

14. 下列项目不应计入产品成本的费用是（ ）。

A. 燃料及动力费用

B. 生产工人工资及福利费

C. 车间、分厂管理人员工资及福利费

D. 期间费用

15. 下列项目有可能是间接成本的是（ ）。

A. 直接材料费用　　　　　　　　B. 只生产一种产品的制造费用

C. 直接人工费用　　　　　　　　D. 生产多种产品的制造费用

## 二、多项选择题

1. 按生产工艺过程的特点，工业企业的生产可以分为（ ）两大类型。

A. 成批生产　　B. 单步骤生产　　C. 多步骤生产　　D. 单件生产

2. 按其产品加工方式不同，多步骤生产可以分为（ ）。

A. 连续式生产　　B. 单步骤生产　　C. 装配式生产　　D. 单件生产

3. 按生产组织的特点，工业企业的生产可以分为（ ）。

A. 大量生产　　B. 成批生产　　C. 分类生产　　　D. 单件生产

4. 商品的价值包括（ ）。

A. 生产中已消耗的生产资料的价值

B. 劳动者为自己劳动所创造的价值

C. 劳动者为社会劳动所创造的价值

D. 为满足社会需要创造的全部新价值

5. 下列各项中，属于费用要素的是（  　　）。

A. 直接材料　　　B. 制造费用　　　C. 税金　　　　D. 利息支出

6. 费用要素中的税金包括（  　　）。

A. 增值税　　　　B. 印花税　　　　C. 土地使用税　　D. 房产税

7. 下列项目中，属于产品成本的有（  　　）。

A. 原材料费用　　　　　　　　B. 燃料及动力费用

C. 制造费用　　　　　　　　　D. 废品损失

8. 企业发生的下列支出中，不能计入产品成本的是（  　　）。

A. 财务费用　　　B. 制造费用　　　C. 捐赠支出　　　D. 管理费用

9. 期间费用是指（  　　）。

A. 营业费用　　　B. 人工费用　　　C. 管理费用　　　D. 财务费用

10. 下列各项支出中，明确应计入产品成本的是（  　　）。

A. 生产单位固定资产修理费　　　B. 生产单位固定资产折旧费

C. 生产工人的工资　　　　　　　D. 生产工人的福利费

11. 下列项目应计入产品成本的是（  　　）。

A. 直接材料　　　B. 直接人工　　　C. 管理费用　　　D. 制造费用

12. 下列哪些人员的工资和福利费应计入产品成本（  　　）。

A. 生产工人　　　　　　　　　B. 行政管理人员

C. 车间管理人员　　　　　　　D. 医务人员

13. 生产经营费用是指（  　　）。

A. 生产费用　　　B. 产品成本　　　C. 成本　　　　　D. 期间费用

14. 下列属于费用要素的有（  　　）。

A. 外购材料　　　B. 直接材料　　　C. 外购动力　　　D. 职工薪酬

15. 成本的作用有（  　　）。

A. 成本是补偿生产耗费的尺度　　B. 成本是制定产品价格的基础

C. 成本是计算企业盈亏的依据　　D. 成本是企业进行决策的依据

### 三、判断题

1. 大量生产是指不断地重复生产品种不同产品的生产。在这种生产类型的企业或车间中，产品品种少而产量大，重复性强，专业化水平高，而且比较稳定。（  　　）

2. 成本的经济实质，是企业在生产经营过程中所耗费的资金的总和。（  　　）

3. 成本属于价值范畴，成本是商品价值的货币表现。（  　　）

4．从理论上讲，产品价值中的补偿部分，就是产品的理论成本。（    ）

5．在实际工作中，某些不形成产品价值的损失，如废品损失也计入产品成本。（    ）

6．对于管理费用、财务费用、营业费用，为简化核算，一律计入产品成本。（    ）

7．费用是指企业生产经营中发生的各种耗费。（    ）

8．现代成本会计实际就是成本管理，即所说的狭义成本会计。（    ）

9．狭义的成本即通常意义上的产品成本，是指制造企业为生产一定种类和一定数量的产品所发生的各种耗费的货币表现，即对象化的生产费用（不包括期间费用）。（    ）

10．企业应根据外部有关方面的需求来组织成本会计工作。（    ）

11．成本会计核算只在工业企业中存在，其他行业企业无成本会计核算。（    ）

12．期间费用一般应当分配计入产品成本。（    ）

13．将费用按经济内容分类，称为成本项目。（    ）

14．将费用按经济用途分类，称为费用要素。（    ）

15．费用是按时期归集，即一定时期内为生产经营发生的各种耗费；成本则按对象归集，即某一具体对象承担的各种费用。（    ）

参考答案

# 项目二　　认知成本核算岗位工作

## 一、单项选择题

1. 工业企业成本的内容是指（　　）。

A. 工业企业生产经营过程中发生的产品生产成本和期间费用

B. 工业企业各项期间费用的支出

C. 工业企业生产经营过程中发生的产品生产成本

D. 工业企业在生产经营过程中发生的各项支出

2. 作为企业制定产品价格重要依据的成本是（　　）。

A. 期间费用　　　B. 制造费用　　　C. 全部成本　　　D. 制造成本

3. 根据有关资料，在若干个与生产经营成本有关的方案中，选择最优方案，确定目标成本是成本会计的（　　）职能。

A. 成本核算　　　B. 成本控制　　　C. 成本预测　　　D. 成本决策

4. 一般而言，规模较大、组织结构复杂、会计人员较多的大中型企业，各级成本会计机构之间的组织分工应采用（　　）。

A. 集中工作方式　　　　　　　B. 分散工作方式

C. 集中与分散相结合方式　　　D. 自由工作方式

5. 成本会计机构和成本会计人员忠实地履行自己的职责，认真完成成本会计的各项任务，应在（　　）。

A. 企业总会计师的领导下进行

B. 企业会计主管人员的领导下进行

C. 企业总会计师和会计主管人员的领导下进行

D. 国家管理机关的领导下进行

6. 成本会计最基本的职能是（　　）。

A. 成本核算　　　B. 成本决策　　　C. 成本控制　　　D. 成本分析

7. 成本核算要解决的首要问题是（　　）。

A. 确定成本项目　　　　　　　B. 确定成本计算对象

C. 生产费用的归集与分配　　　D. 成本计算单的编制

8. "制造费用"账户（　　）。

A. 一定没有余额　　　　　　　B. 可能有余额

C. 一定有余额　　　　　　　　D. 余额一般在借方

9. 生产工艺过程不能间断，或者受工作地点限制必须集中完成的生产是（　　）。

A．单步骤生产　B．多步骤生产　C．单件生产　　D．复杂生产

10. 在单件小批量生产下，产品成本计算期与生产周期（　　）。

A．一致　　　　　B．不一致　　　C．可能不一致　D．不完全一致

11. 分批法的成本计算期与会计报告期（　　）。

A．一致　　　　　B．不一致　　　C．可能不一致　D．不完全一致

12. 分步法的成本计算期与会计报告期（　　）。

A．一致　　　　　B．不一致　　　C．可能不一致　D．不完全一致

13. 在实际工作中，大多数企业（　　）。

A．只用一种成本计算方法

B．可以同时采用几种成本计算方法

C．可以随意使用任何一种成本计算方法

D．最多采用两种成本计算方法

14. 前一步骤生产没有完成，后一步骤无法进行生产，这种生产方式是（　　）。

A．单步骤生产　　　　　　　　B．连续式多步骤生产

C．装配式多步骤生产　　　　　D．单件生产

15. 辅助车间的间接费用（　　）。

A．一定要通过"制造费用"账户核算

B．不通过"制造费用"账户核算

C．不一定通过"制造费用"账户核算

D．直接记入"生产成本——辅助生产成本"账户

二、多项选择题

1. 下列原则中，成本核算应遵循的原则有（　　）。

A．权责发生制原则　　　　　　B．实际成本核算原则

C．合法性原则　　　　　　　　D．技术与经济相结合的原则

2. 为了充分发挥成本核算的作用，在成本核算工作中，应贯彻的要求是（　　）。

A．加强财产物资管理、合理确定计价方法

B．正确划分各种费用界限

C．严格遵守国家规定的成本开支范围

D．正确确定成本项目

3. 为了正确计算产品成本，必须正确划分（　　）之间的费用界限。

A．生产经营管理费用与非生产经营管理费用

B．生产费用与经营管理费用

C．各个月份费用

D．各种产品费用

4．企业制定成本会计制度应遵循的国家有关法律、法规和制度有（　　　）。

A．《中华人民共和国会计法》　　　B．《企业财务通则》

C．《企业会计准则》　　　D．《企业成本核算制度》

5．下列项目中，属于产品成本项目的是（　　　）。

A．外购材料　　　B．直接材料　　　C．制造费用　　　D．工资

6．成本会计的职能有（　　　）。

A．成本核算　　　B．成本决策　　　C．成本控制　　　D．成本分析

7．下列项目中，计入产品成本的是（　　　）。

A．生产产品领用的原材料费用　　　B．车间管理人员的工资

C．罚款　　　D．车间设备折旧

8．成本核算的基础工作包括（　　　）。

A．计量验收制度　　　B．内部价格制度

C．定额管理制度　　　D．原始记录制度

9．企业内部各级成本会计机构之间的组织分工，有（　　　）方式。

A．集中工作　　　B．非集中工作　　　C．岗位责任制　　　D．民主集中制

10．成本计算对象一般由以下要素构成（　　　）。

A．生产成本归属的实体　　　B．成本计算的主体

C．成本计算期　　　D．生产费用是否在完工产品与在产品之间分配

11．成本计算对象的确定要考虑（　　　）。

A．生产企业的地点　　　B．生产企业的特点

C．生产企业的性质　　　D．成本管理的要求

12．成本计算的基本方法有（　　　）。

A．品种法　　　B．分批法　　　C．分步法　　　D．定额法

13．下列不应计入产品成本的项目有（　　　）。

A．购置和建造固定资产的支出，购入无形资产和长期资产的支出

B．对外界的投资和分配给投资者的利润

C．被没收的财物、违反法律支付的各项滞纳金、罚款及企业自愿捐赠的支出

D．拟定在公积金中列支的支出

14．成本核算中的直接材料是指（　　　）。

A．生产产品耗用的原料　　　B．生产产品耗用的燃料

C．手工工具　　　D．有助于产品形成的辅助材料

15．成本核算的一般程序，包括（　　　）。

A．确定成本计算对象，确定成本项目

B．确定产品成本计算期

C．生产费用的归集与分配

D．生产费用在完工产品与期末在产品之间进行分配

### 三、判断题

1．在实际工作中，成本的开支范围是由企业结合自身生产经营的特点来界定的。（　　　）

2．工业企业成本会计的内容，概括地讲就是生产成本的形成过程。（　　　）

3．成本会计工作的核心是进行成本核算。（　　　）

4．成本会计工作的环节包括：成本的预测、决策、计划、控制、核算、考核和分析。（　　　）

5．企业应根据单位生产经营的特点、生产规模的大小和成本管理的要求等具体情况来组织成本会计工作。（　　　）

6．生产车间的固定资产修理费计入制造费用。（　　　）

7．产品销售过程中发生的业务招待费计入销售费用。（　　　）

8．品种法中生产费用一般要在完工产品与在产品之间分配。（　　　）

9．品种法是最基本的成本计算方法。（　　　）

10．企业的罚没支出不属于费用。（　　　）

11．成本会计工作独立于财务会计之外。（　　　）

12．能列入当期成本费用的支出都是收益性支出。（　　　）

13．品种法只适用于大量大批单步骤生产。（　　　）

14．车间照明用电直接记入"生产成本"账户。（　　　）

15．分步法是品种法的连续应用。（　　　）

参考答案

# 项目三　　要素费用的核算

## 一、单项选择题

1. 在企业设置"燃料及动力"成本项目的情况下，生产车间发生的直接用于产品生产的燃料费用，应借记的科目是（　　）。

A．"原材料"　　　　　　　　　B．"生产成本——基本生产成本"

C．"制造费用"　　　　　　　　D．"燃料"

2. 为了既正确又简便地分配外购动力费用，在支付动力费用时，应借记（　　）科目，贷记"银行存款"等科目。

A．成本、费用等　　　　　　　B．"应收账款"

C．"应付账款"　　　　　　　　D．"其他应付款"

3. 为了提高产品成本计算的正确性，生产工人的薪酬应（　　）。

A．在整个企业内统一分配　　　B．按车间分别进行分配

C．按计划进行分配　　　　　　D．按实际进行分配

4. 某职工 5 月份生产合格品 25 件，料废品 5 件，加工失误产生废品 2 件，计件单价为 4 元，应付计件工资为（　　）。

A．100 元　　　　B．120 元　　　　C．128 元　　　　D．108 元

5. 基本生产车间计提的固定资产折旧费，应借记（　　）科目。

A．"生产成本——基本生产成本"　B．"管理费用"

C．"制造费用"　　　　　　　　D．"财务费用"

6. 不得计入产品成本的费用是（　　）。

A．车间厂房折旧费　　　　　　B．车间机物料消耗

C．税金及附加　　　　　　　　D．有助于产品形成的辅助材料

7. 直接用于产品生产，并构成该产品实体的原材料费用应记入的是（　　）科目。

A．"销售费用"　　　　　　　　B．"制造费用"

C．"管理费用"　　　　　　　　D．"生产成本——基本生产成本"

8. 按产品材料定额成本比例分配法分配材料费用时，其适用的条件是（　　）。

A．产品的产量与所耗用的材料有密切的联系

B．产品的重量与所耗用的材料有密切的联系

C．几种产品共同耗用几种材料

D．各项材料消耗定额比较准确稳定

9．企业分配薪酬费用时，基本生产车间管理人员的薪酬，应借记（　　）科目。

A．"生产成本——基本生产成本"　　B．"制造费用"

C．"生产成本——辅助生产成本"　　D．"管理费用"

10．生产费用要素中的税金，在发生或支付时，应借记（　　）科目。

A．"生产成本——基本生产成本"　　B．"制造费用"

C．"管理费用"　　　　　　　　　　D．"销售费用"

11．下列关于材料费用的分配说法错误的是（　　）。

A．用于产品生产的直接材料费用记入"生产成本"科目

B．生产车间一般耗用的材料费用记入"制造费用"科目

C．企业行政管理部门一般耗用的材料，记入"管理费用"科目

D．直接用于各种产品生产的材料费用如果金额不大，也可记入"制造费用"科目

12．反映职工出勤、缺勤情况的原始记录是（　　）

A．考勤记录　　B．产量记录　　C．工时记录　　D．定岗定编记录

13．下列各项中，属于直接生产费用的是（　　）。

A．生产车间厂房的折旧费

B．产品生产用设备的折旧费

C．企业行政管理部门固定资产的折旧费

D．生产车间的办公费用

14．辅助生产车间发生的制造费用（　　）。

A．必须通过"制造费用"总账账户核算

B．不必通过"制造费用"总账账户核算

C．根据具体情况，可以记入"制造费用"总账账户，也可以直接记入"生产成本——辅助生产成本"账户

D．首先记入"生产成本——辅助生产成本"账户

15．产量工时记录是统计产量和工时及计算（　　）的原始依据。

A．计时工资　　B．计件工资　　C．应付工资　　D．加班工资

## 二、多项选择题

1．计入产品成本的各种材料费用，按其用途分配，应记入（　　）科目的借方。

A．"生产成本——辅助生产成本"　　B．"在建工程"

C．"制造费用"　　　　　　　　　　D．"生产成本——基本生产成本"

2．企业分配间接费用的标准有（　　）三类。

A．消耗类　　B．产值类　　C．定额类　　D．工时类

3．原料及主要材料的费用可以按（　　）进行分配。

A．产品质量比例　　　　　　B．产品体积比例

C．定额消耗量比例　　　　　D．定额费用比例

4. 在按 20.83 天计算日工资率的企业中，节假日工资的计算方法是（　　）。

A. 节假日作为出勤日计发工资　　　　B. 节假日不计发工资

C. 缺勤期间的节假日不扣发工资　　　D. 缺勤期间的节假日扣发工资

5. 发生下列各项费用时，可以直接借记"生产成本——基本生产成本"账户的有（　　）。

A. 车间照明用电费　　　　　　　　　B. 构成产品实体的原材料费用

C. 车间管理人员工资　　　　　　　　D. 车间生产工人工资

6. 下列属于生产要素费用的是（　　）。

A. 外购材料　　　　　　　　　　　　B. 外购燃料与动力

C. 工资及福利费　　　　　　　　　　D. 固定资产折旧费用

7. 下列各项包括在工资费用总额里的有（　　）。

A. 计时工资　　　　　　　　　　　　B. 计件工资

C. 离退休人员的工资　　　　　　　　D. 创造发明奖

8. 材料分配的标准有（　　）。

A. 材料定额消耗量　　　　　　　　　B. 材料定额费用

C. 产品体积　　　　　　　　　　　　D. 产品工时定额

9. 月薪制计时工资取决于（　　）。

A. 月标准工资　　B. 日工资率　　C. 缺勤天数　　D. 定额工时

10. 辅助生产车间发生的固定资产折旧费，可能借记的账户有（　　）。

A. "制造费用"　　　　　　　　　　　B. "生产成本——辅助生产成本"

C. "生产成本——基本生产成本"　　　D. "管理费用"

11. 下列项目中，属于"制造费用"的有（　　）。

A. 生产车间的保险费　　　　　　　　B. 在产品盘亏和毁损

C. 低值易耗品摊销　　　　　　　　　D. 季节性停工损失

12. 下列固定资产中不计提折旧的有（　　）。

A. 未使用的房屋和建筑物　　　　　　B. 不需要的固定资产

C. 提前报废的固定资产　　　　　　　D. 以经营租赁方式租入的固定资产

13. 分配工资时可能借记的会计科目有（　　）。

A. "生产成本"　　　　　　　　　　　B. "制造费用"

C. "管理费用"　　　　　　　　　　　D. "在建工程"

14. 下列项目中，在应付福利费中开支的有（　　）。

A. 医务经费　　　　　　　　　　　　B. 管理人员工资

C. 幼儿园经费　　　　　　　　　　　D. 职工生活困难补助

15. 基本生产车间发生下列费用时，应记入"制造费用"账户的是（　　）。

A. 管理人员工资　　　　　　　　　　B. 机器设备折旧费

C．机物料消耗　　　　　　　　D．原材料费用

## 三、判断题

1．"外购材料"和"直接材料"，都是材料费用，因此都属于要素费用。（　　）

2．职工薪酬费用并不都是计入产品成本的。（　　）

3．直接费用是指可以分清哪种产品所耗用，可以直接计入某种产品成本的费用。（　　）

4．基本生产车间生产产品领用的材料，应直接记入各成本计算对象的产品成本明细账。（　　）

5．在实际工作中，材料费用的分配是通过材料费用分配表进行的。（　　）

6．直接用于产品生产的原料、主要材料费用，记入"直接材料"成本项目。（　　）

7．生产人员、车间管理人员和技术人员的薪酬，是产品成本的重要组成部分，应该直接记入各种产品成本明细账。（　　）

8．实行计件工资制的企业，由于材料缺陷产生的废品，不付计件工资。（　　）

9．每月按30天计算日工资率时缺勤期间的节假日不算缺勤，不扣工资。（　　）

10．无论是计时工资形式还是计件工资形式，人工费用的分配相同。（　　）

11．生产工人的工资都是直接计入费用。（　　）

12．在任何情况下，本月实发工资都等于本月应发工资。（　　）

13．职工福利费可以不计提，在发生福利费支出时计入相关成本费用。（　　）

14．由于风灾造成的材料等损失应计入产品成本。（　　）

15．如果辅助生产车间的制造费用发生额较小，为了减少转账手续，也可以不通过制造费用账户，直接记入辅助生产成本账户。（　　）

## 四、业务题

### 1. 采用定额耗用量或定额费用比例分配法分配直接材料费用

某车间生产甲、乙两种产品，共消耗原材料8 000千克，单价10元/千克。2021年6月投产甲产品200件，乙产品600件。甲产品单位消耗定额20千克，乙产品单位消耗定额10千克。

**要求**：采用材料定额耗用量的比例分配甲、乙产品应负担的材料费用。

（1）根据上述资料计算甲乙产品应负担的材料费用，编制直接材料费用分配表3-1。

表 3-1　直接材料费用分配表

| 产品名称 | 投产数量/件 | 单位消耗定额/千克 | 定额消耗量/千克 | 材料分配率 | 应分配费用/元 |
|---|---|---|---|---|---|
| 甲产品 | | | | | |
| 乙产品 | | | | | |
| 合计 | — | — | | | |

（2）根据上述资料及计算编制会计分录。

### 2. 采用系数分配法分配直接材料费用

青海工厂生产 801、802、803、804、805 五种产品，单位产品 C 材料消耗定额分别为 30 元、27.5 元、25 元、20 元、17.5 元，本月实际产量分别为 400 件、500 件、1 000 件、200 件、160 件，本月实际消耗 C 材料 59 850 元。

**要求：** 以 803 产品为标准产品，采用系数分配法分配 C 材料费用，编制直接材料费用分配表 3-2（分配率保留到整数）。

表 3-2　直接材料费用分配表

| 产品名称 | 消耗定额/元 | 系数 | 实际产量/件 | 总系数 | 分配率 | 应分配材料费用/元 |
|---|---|---|---|---|---|---|
| | | | | | | |
| | | | | | | |
| | | | | | | |
| | | | | | | |
| | | | | | | |
| 合计 | — | — | | — | | |

### 3. 计算直接人工费用

某企业一个生产小组，本月共生产甲产品 500 件，每件甲产品计件单价为 6 元。该小组共有职工 3 人，每位职工的小时工资率为：吴晓 8 元，张强 10 元，赵靖 9 元。本月份工作时间为：吴晓 100 小时，张强 140 小时，赵靖 200 小时。

**要求：** 根据上述资料，计算该小组计件工资，并采用计时工资的比例分配计算每一位职工的计件工资。

### 4. 分配直接人工费用

某车间生产工人计时工资为 10 400 元，本月 A、B 产品实际工时分别为 7 000 小时，1 000 小时。

**要求：**

（1）按实际工时比例分配生产工人工资。

（2）编制相应会计分录。

### 5. 分配外购动力费用

某工业企业 2021 年 6 月 20 日通过银行支付电费 75 000 元和增值税 9 750 元，该月各车间、部门实际耗电度数为：基本生产车间动力用电 69 350 度，辅助生产车间用电 20 000 度，基本生产车间照明用电 2 000 度，企业管理部门照明用电 2 400 度。外购电力费用通过"应付账款"科目结算。

**要求：**

（1）按照用电度数分配计算各车间、部门动力和照明用电费（列出算式）。

（2）编制支付和分配电力费用的会计分录。

参考答案

# 项目四　　辅助生产费用的核算

## 一、单项选择题

1. 辅助生产车间完工入库的修理用备件，应借记（　　）科目，贷记"生产成本——辅助生产成本"科目。

A．"周转材料"　　　　　　　　B．"生产成本——基本生产成本"

C．"原材料"　　　　　　　　　D．"制造费用"

2. 如果辅助生产的制造费用不通过"制造费用"科目核算，则应全部借记（　　）。

A．"原材料"科目　　　　　　　B．"生产成本——辅助生产成本"科目

C．"制造费用"科目　　　　　　D．"生产成本——基本生产成本"科目

3. 下列不属于辅助生产费用分配方法的是（　　）。

A．直接分配法　　B．交互分配法　　C．累计分配法　　D．代数分配法

4. 辅助生产费用的直接分配法宜在（　　）的情况下采用。

A．各辅助生产车间、部门之间相互受益程度有着明显差异

B．辅助生产内部相互提供劳务或产品不多，且不进行交互分配对成本核算影响不大

C．成本计算工作已经实现电算化

D．企业的定额制度、各项计划管理比较健全

5. 辅助生产费用交互分配法中的第一次交互分配是在（　　）之间进行分配的。

A．各受益单位　　　　　　　　B．辅助生产车间以外的受益单位

C．各受益的基本生产车间　　　D．各受益的辅助生产车间

6. 采用交互分配法，各种辅助生产费用（　　）。

A．都要计算一个费用分配率　　B．都要计算两个费用分配率

C．均按相同的费用分配率计算　D．不需要计算费用分配率

7. 在辅助生产费用的各种分配方法中，分配结果最正确的是（　　）。

A．直接分配法　　B．顺序分配法　　C．交互分配法　　D．代数分配法

8. 采用按计划成本分配法分配辅助生产成本，辅助生产的实际成本是（　　）。

A．按计划成本分配前的实际费用

B．按计划成本分配前的实际费用加上按计划成本分配转入的费用

C．按计划成本分配前的实际费用减去按计划成本分配转出的费用

D．按计划成本分配前的实际费用加上按计划成本分配转入的费用，减去按计划成本分配转出的费用

9. 辅助生产车间为本企业材料采购提供运输服务的劳务成本，应借记（　　）科目。

A. "销售费用"　　　　　　　　　B. "生产成本——辅助生产成本"

C. "材料采购"　　　　　　　　　D. "制造费用"

10. 计划成本分配法下，各辅助车间内部对生产费用（　　）。

A. 不进行分配　　　　　　　　　B. 进行一次交互分配

C. 进行两次交互分配　　　　　　D. 进行三次交互分配

## 二、多项选择题

1. 辅助生产费用的交互分配法，具有下列特点（　　）。

A. 核算工作十分简便　　　　　　B. 核算工作量较大

C. 核算结果最正确　　　　　　　D. 核算结果比较正确

2. 辅助生产费用的分配，可以通过（　　）进行。

A. 直接分配法　　B. 交互分配法　　C. 代数分配法　　D. 按计划成本分配法

3. 辅助生产车间管理人员的工资，在不同的核算方法下，可能记入（　　）科目。

A. "管理费用"　　　　　　　　　B. "生产成本——辅助生产成本"

C. "制造费用"　　　　　　　　　D. "营业费用"

4. 分配结转辅助生产费用时，可能借记的科目有（　　）。

A. "周转材料"　　　　　　　　　B. "管理费用"

C. "在建工程"　　　　　　　　　D. "生产成本——基本生产成本"

5. 在辅助生产费用的分配方法中，能反映各项劳务实际成本的方法是（　　）。

A. 交互分配法　　　　　　　　　B. 实际分配法

C. 计划成本分配法　　　　　　　D. 代数分配法

6. 辅助生产费用按照计划分配法分配的优点是（　　）。

A. 简化成本计算工作

B. 有利于分清企业内部各单位的经济责任

C. 便于考核辅助生产成本计划的完成情况

D. 便于考核各受益单位的成本

7. 辅助生产费用的交互分配法，在两次分配中的费用分配率分别是（　　）。

A. 费用分配率=该辅助车间待分配辅助生产费用÷该辅助车间提供劳务量

B. 费用分配率=该辅助车间待分配辅助生产费用÷该辅助生产车间对外提供劳务量

C. 费用分配率=（该辅助车间待分配辅助生产费用+交互分配转入费用-交互分配转出费用）÷该辅助车间提供劳务量

D. 费用分配率=（该辅助车间待分配辅助生产费用+交互分配转入费用-交互分配转出费用）÷该辅助生产车间对外提供劳务量

8. 辅助生产车间一般不设置"制造费用"科目核算是因为（　　）。

A. 辅助生产车间规模小，发生的制造费用较少

B．辅助生产车间不对外销售产品

C．为了简化核算工作

D．没有必要

9．通过辅助生产费用的归集和分配，应计入本月产品成本的生产费用，都已分配归集在（　　）总账账户和所属明细账户的借方。

A．"制造费用"　　　　　　　　　B．"管理费用"

C．"生产成本——基本生产成本"　　D．"生产成本——辅助生产成本"

10．对于辅助生产费用的直接分配法，以下说法正确的是（　　）。

A．辅助生产车间之间不要相互分配费用

B．辅助生产车间之间要相互分配费用

C．分配率=该辅助车间待分配辅助生产费用÷该辅助车间对外提供劳务量

D．只需进行一次分配

### 三、判断题

1．"生产成本——辅助生产成本"账户一般应按辅助生产车间、车间下再按产品或劳务种类设置明细账，账中按照成本项目或费用项目设立专栏进行明细核算。（　　）

2．采用交互分配法分配辅助生产费用时，对外分配的辅助生产费用，应为交互分配前的费用加上交互分配时分配转入的费用。（　　）

3．采用代数分配法分配辅助生产费用，其分配结果最准确。（　　）

4．采用计划成本分配法时，对于辅助生产车间实际发生的费用包括辅助生产内部交互分配转入的费用在内与按计划单位成本分配转出的费用之间的差异，一般全部计入管理费用。（　　）

5．任何情况下，辅助生产的制造费用可以不通过"制造费用——辅助生产车间"明细账单独归集，而是直接记入"生产成本——辅助生产成本"账户。（　　）

6．辅助生产部门只对生产部门提供产品或劳务，因而辅助生产发生的全部费用都计入产品的成本。（　　）

7．辅助生产费用的直接分配法不考虑各辅助生产车间之间相互提供产品或劳务的情况。（　　）

8．通过辅助生产费用的分配和结转，"生产成本——辅助生产成本"账户期末一般没有余额。（　　）

9．辅助生产费用的直接分配法适用只有一个辅助生产车间的情况。（　　）

10．采用交互分配法时，由于辅助生产内部相互提供的劳务全部进行了交互分配，因而分配结果十分精确。（　　）

### 四、业务题

金旺工厂下设运输和供水两个辅助生产车间，2021年8月份运输车间发生费用20 000元，

提供劳务数量 11 000 千米，其中供水车间 1 000 千米，销售部门 8 000 千米，企业行政管理部门 2 000 千米。供水车间发生费用 4 000 元，提供劳务数量 2 000 吨，其中运输车间 800 吨；基本生产车间一般耗用 1 000 吨；企业行政管理部门 200 吨。运输车间计划单位成本 1.8 元，供水车间计划单位成本 2 元，（辅助生产间接费用不设置"制造费用"账户，分配率能除尽的除尽，除不尽的保留到小数点后 3 位，金额取整数）。

要求：

（1）采用直接分配法分配辅助生产费用，完成表 4-1 的填写，并编制相应的会计分录。

表 4-1　辅助生产费用分配表（直接分配法）

2021 年 8 月　　　　　　　　　　　　　　　　　　　　单位：元

| 项　　目 | 运输车间 | | 供水车间 | | 金额合计 |
| --- | --- | --- | --- | --- | --- |
| | 耗用量/千米 | 分配额 | 耗用量/吨 | 分配额 | |
| 待分配的费用 | | | | | |
| 对外劳务总量 | | | | | |
| 分配率 | | | | | |
| 基本生产车间 | | | | | |
| 行政部门 | | | | | |
| 销售部门 | | | | | |

会计分录：

（2）采用一次交互分配法分配辅助生产费用，完成表 4-2 的填写，并编制相应的会计分录。

### 表 4-2　辅助生产费用分配表（一次交互分配法）

2021 年 8 月　　　　　　　　　　　　　　　单位：元

| 项　目 | | 运输车间 | | 供水车间 | | 金额合计 |
|---|---|---|---|---|---|---|
| | | 耗用量/千米 | 分配额 | 耗用量/吨 | 分配额 | |
| 交互分配 | 待分配的费用 | | | | | |
| | 劳务总量 | | | | | |
| | 交互分配率 | | | | | |
| | 运输车间 | | | | | |
| | 供水车间 | | | | | |
| 对外分配 | 待分配的费用 | | | | | |
| | 对外劳务量 | | | | | |
| | 对外分配率 | | | | | |
| | 基本生产车间 | | | | | |
| | 行政部门 | | | | | |
| | 销售部门 | | | | | |

会计分录：

（3）采用计划成本分配法分配辅助生产费用，完成表 4-3 的填写，并编制相应的会计分录。

表 4-3　辅助生产费用分配表（计划成本分配法）

2021 年 8 月　　　　　　　　　　　　　　　　单位：元

| 项　目 | 运输车间 | | 供水车间 | | 金额合计 |
| --- | --- | --- | --- | --- | --- |
| | 耗用量/千米 | 分配额 | 耗用量/吨 | 分配额 | |
| 费用总额 | | | | | |
| 计划单位成本 | | | | | |
| 运输车间 | | | | | |
| 供水车间 | | | | | |
| 基本生产车间 | | | | | |
| 行政部门 | | | | | |
| 销售部门 | | | | | |
| 计划成本 | | | | | |
| 实际成本 | | | | | |
| 成本差异 | | | | | |

会计分录：

参考答案

# 项目五　制造费用的核算

## 一、单项选择题

1. 下列各项支出中，应列入"制造费用"账户的项目是（　　）。

A．生产车间固定资产折旧费　　　　B．厂部管理部门固定资产折旧费

C．生产车间生产工人工资　　　　　D．厂部管理部门管理人员工资

2. 下列应记入"制造费用"科目的职工薪酬是（　　）。

A．车间管理人员的薪酬　　　　　　B．行政管理人员的薪酬

C．辅助生产车间工人的薪酬　　　　D．生活福利部门人员的薪酬

3. 用于基本生产车间照明用电，应记入（　　）账户。

A．"生产成本——基本生产成本"　　B．"生产成本——辅助生产成本"

C．"管理费用"　　　　　　　　　　D．"制造费用"

4. "制造费用"账户（　　）。

A．一般有借方余额

B．一般有贷方余额

C．转入"本年利润"账户后，期末应无余额

D．除季节性生产企业外，期末应无余额

5. 制造费用明细账，应当按照（　　）设置。

A．产品品种

B．费用项目

C．生产单位（分厂或车间）

D．成本对象

6. 在制造费用的分配方法中，适用于季节性生产企业的企业车间的分配方法是（　　）。

A．生产工时比例法　　　　　　　　B．年度计划分配率分配法

C．生产工人工资比例法　　　　　　D．机器工时比例法

7. 下列属于制造费用分配方法的是（　　）。

A．定额比例法　　　　　　　　　　B．系数分配法

C．生产工时比例分配法　　　　　　D．定额成本法

8. 制造费用科目的贷方登记（　　）。

A．发生的制造费用　　　　　　　　B．分配的制造费用

C．应转入的制造费用　　　　　　　D．发生的季节性停工损失

9. 基本生产车间主任的工资，按规定应列入（　　）账户。

A. "管理费用" B. "销售费用"

C. "制造费用" D. "生产成本"

10. 当制造费用采用年度计划分配率分配法时，月末"制造费用"账户的借方余额在资产负债表中的（　　）项目反映。

A. "生产成本" B. "制造费用"

C. "长期待摊费用" D. "存货"

二、多项选择题

1. 下列各项支出中，属于制造费用核算的内容是（　　）。

A. 生产车间固定资产折旧费 B. 生产车间生产工人工资

C. 生产车间办公费 D. 生产车间管理人员工资

2. 下列各项支出中，不属于制造费用核算的内容是（　　）。

A. 生产车间固定资产折旧费 B. 生产车间生产工人工资

C. 生产车间固定资产修理费 D. 生产车间管理人员工资

3. 制造费用包括企业内部生产单位的（　　）。

A. 设计制图费及实验检验费 B. 劳动保护费及保险费

C. 季节性或修理期间的停工损失 D. 固定资产折旧费

4. 下列账户中，月末既有可能有借方余额，也有可能有贷方余额的有（　　）。

A. "本年利润"账户 B. "制造费用"账户

C. "管理费用"账户 D. "材料成本差异"账户

5. 下列项目中，属于制造费用所属项目的有（　　）。

A. 机物料消耗 B. 季节性停工损失

C. 车间固定资产折旧费 D. 车间固定资产修理费

6. 下列项目中，属于工业企业制造费用核算范围的有（　　）。

A. 车间试验检验费 B. 融资租赁费

C. 机器设备折旧费 D. 分厂的管理用具摊销

7. 间接费用有可能要通过"制造费用"账户核算的车间和部门有（　　）。

A. 基本生产车间 B. 管理部门

C. 辅助生产车间 D. 销售部门

8. 下列属于制造费用分配方法的是（　　）。

A. 生产工人工时比例分配法 B. 机器工时比例分配法

C. 生产工人工资比例分配法 D. 产品产量比例分配法

9. 下列不属于制造费用分配方法的是（　　）。

A. 生产工人工时比例分配法 B. 定额比例法

C. 系数分配法 D. 产品产量比例分配法

10．采用年度计划分配率分配法，"制造费用"账户可能（　　　）。

A．有月末贷方余额 B．有年末余额

C．无余额 D．有月末借方余额

### 三、判断题

1．制造费用是指企业各生产单位为组织和管理生产活动而发生的各项间接费用。（　　）

2．制造费用和废品损失均属于产品成本项目。（　　）

3．制造费用成本项目属于综合性成本项目。（　　）

4．固定资产折旧费全部记入产品成本的"制造费用"科目。（　　）

5．"制造费用"明细账应按车间、分厂设置明细，按费用项目设置专栏。（　　）

6．生产车间发生的制造费用应由本车间生产的产品成本负担，因此期末"制造费用"账户一定没有期末余额。（　　）

7．企业制造费用分配方法一经确定，在年内一般不得随意变更。（　　）

8．企业各车间的制造费用应该加以汇总，在整个企业各种产品之间统一分配。（　　）

9．"制造费用"科目的金额最终要归入"生产成本——基本生产成本"账户，故月末必然没有余额。（　　）

10．采用年度计划分配率分配法，企业"制造费用"明细账应留有年末余额。（　　）

### 四、业务题

#### 1．练习制造费用归集的核算

湘华机械长设有一个基本生产车间，一个辅助生产机修车间，一个辅助生产供水车间，大量生产 A、B、C 三种产品，2021 年 9 月有关基本生产车间制造费用的经济业务如下：

（1）根据材料领用汇总表，本月领用材料的实际成本为 120 000 元，其中生产 A 产品领用 42 000 元，生产 B 产品领用 30 000 元，生产 C 产品领用 36 000 元，车间一般消耗 7 000 元，厂部管理部门使用 5 000 元。

（2）根据职工薪酬分配表，本月职工薪酬 79 800 元，其中生产 A、B、C 三种产品工人薪酬分别为 34 200 元、11 400 元、22 800 元，车间管理人员薪酬 6 840 元，厂部管理人员薪酬 4 560 元。

（3）以银行存款 800 元支付办公费，其中生产车间 200 元，厂部 600 元。

（4）根据月初固定资产原值，计提本月折旧费 6 000 元，其中生产车间 4 000 元，厂部 2 000 元。

（5）车间主任报销差旅费 700 元，原借支 900 元，退还现金 200 元。

（6）以银行存款 1 000 元支付生产车间劳动保护费。

（7）以银行存款 2 000 元支付本月电费，其中车间一般消耗 1 500 元，厂部管理消耗

500元。

（8）以银行存款1 600元交纳生产车间本月财产保险费。

（9）从辅助生产供水车间分配转入费用800元。

**要求：**

（1）根据上述资料编制会计分录。

（2）登记基本生产车间制造费用明细账（见表5-1），归集本月发生的制造费用总额。

表5-1 _____制造费用明细账

单位：元

| 2021年 | | 凭证字号 | 摘要 | 机物料消耗 | 办公费 | 劳动保护费 | 水电费 | 职工薪酬 | 差旅费 | 财产保险费 | 折旧费 | 合计 |
|---|---|---|---|---|---|---|---|---|---|---|---|---|
| 月 | 日 | | | | | | | | | | | |
| | | | | | | | | | | | | |
| | | | | | | | | | | | | |
| | | | | | | | | | | | | |
| | | | | | | | | | | | | |
| | | | | | | | | | | | | |
| | | | | | | | | | | | | |
| | | | | | | | | | | | | |
| | | | | | | | | | | | | |
| | | | | | | | | | | | | |
| | | | | | | | | | | | | |
| | | | | | | | | | | | | |

**2. 练习制造费用的实际分配率分配法**

承练习1，湘华机械厂2021年9月产A、B、C三种产品，相关资料如表5-2所示。

表5-2 A、B、C产品相关资料

| 分配标准 | A产品 | B产品 | C产品 |
|---|---|---|---|
| 生产工时/小时 | 2 0000 | 10 280 | 17 000 |
| 机器生产工时/小时 | 12 000 | 8 000 | 9 550 |
| 生产工人工资/元 | 30 000 | 10 000 | 20 000 |
| 产品产量/件 | 3 000 | 1 000 | 2 000 |

**要求：**

（1）采用生产工时比例法分配该车间制造费用（见表 5-3），并编制会计分录。

表 5-3 制造费用分配表

2021 年 9 月

| 产品名称 | 分配标准：生产工时 | 分配率 | 分配金额/元 |
| --- | --- | --- | --- |
| | | | |
| | | | |
| | | | |
| | | | |

会计分录：

（2）采用机器工时比例法分配该车间制造费用（见表 5-4）。

表 5-4 制造费用分配表

2021 年 9 月

| 产品名称 | 分配标准：机器工时 | 分配率 | 分配金额/元 |
| --- | --- | --- | --- |
| | | | |
| | | | |
| | | | |
| | | | |

（3）采用生产工人工资比例法分配该车间制造费用（见表 5-5）。

表 5-5 制造费用分配表

2021 年 9 月

| 产品名称 | 分配标准：生产工人工资 | 分配率 | 分配金额/元 |
| --- | --- | --- | --- |
| | | | |
| | | | |
| | | | |
| | | | |

（4）采用产品产量比例法分配该车间制造费用（见表 5-6）。

**表 5-6　制造费用分配表**

2021 年 9 月

| 产品名称 | 分配标准：产品产量 | 分配率 | 分配金额/元 |
|---|---|---|---|
|  |  |  |  |
|  |  |  |  |
|  |  |  |  |
|  |  |  |  |

### 3. 练习制造费用的年度计划分配率分配法

某企业第一车间生产甲、乙、丙三种产品，2021 年度制造费用预算总额为 420 000 元；三种产品计划产量分别是 5 000 件、6 000 件、1 600 件，单位产品定额工时分别为 40 小时、70 小时、50 小时。本年 5 月份实际生产甲产品 600 件，乙产品 400 件，丙产品 300 件，实际发生制造费用 40 100 元。假设该企业到年末，全年按年度计划分配率分配的制造费用累计金额为 400 000 元，其中甲、乙、丙产品分别为 130 000 元、120 000 元、150 000 元，全年实际发生的制造费用为 408 000 元，即制造费用年末出现了累计借方余额 8 000 元。

**要求：**

（1）采用年度计划分配率分配法分配该企业 5 月份制造费用，并编制会计分录。

（2）对该企业年末"制造费用"账户累计余额进行调整，并编制会计分录。

参考答案

# 项目六    损失性费用的核算

## 一、单项选择题

1. 废品损失不包括（    ）。

A. 修复废品人员工资　　　　　　　B. 修复废品使用材料费用

C. 不可修复废品的报废损失　　　　D. 产品"三包"损失

2. 废品净损失分配转出时，应借记（    ）科目，贷记"废品损失"科目。

A. "废品损失"　　B. "生产成本"　　C. "管理费用"　　D. "制造费用"

3. 由于自然灾害造成的非正常停工损失，应计入（    ）。

A. 营业外收入　　B. 营业外支出　　C. 管理费用　　D. 制造费用

4. 计算出来的废品损失应（    ）。

A. 分配计入当月同种合格品的成本中

B. 分配计入当月各种合格品的成本中

C. 直接记入当月的"制造费用"科目中

D. 直接记入当月的"管理费用"科目中

5. 企业在核算废品损失时，一般是指（    ）。

A. 辅助生产车间的废品损失

B. 基本生产车间的废品损失

C. 基本生产车间和辅助生产车间发生的废品损失

D. 产品销售后发生的废品损失

6. 产品的"三包"损失，应计入（    ）。

A. 废品损失　　B. 管理费用　　　C. 制造费用　　　D. 营业费用

7. 对于季节性停工企业在停工期间所发生的费用，应计入（    ）。

A. 停工损失　　B. 管理费用　　　C. 营业外支出　　D. 制造费用

8. 下列各项损失中，属于废品损失的项目是（    ）。

A. 入库后发现的生产中的废品损失

B. 可以降价出售的不合格品降价的损失

C. 产成品入库后由于保管不当发生的损失

D. 产品出售后发现的废品由于包退、包换和包修形成的损失

9. 工业企业的废品损失应计入（    ）。

A. 管理费用　　B. 销售费用　　　C. 生产成本　　　D. 营业外支出

10. 产成品入库后，由于管理不当等原因造成的损失，应计入（　　）。

A. 管理费用　　　B. 销售费用　　　C. 生产成本　　　D. 营业外支出

## 二、多项选择题

1. 废品损失应包括（　　）。

A. 不可修复废品的报废损失　　　B. 可修复废品的修复费用

C. 不合格品的降价损失　　　D. 产品保管不善的损坏变质损失

2. 计算不可修复废品的净损失应包括下列因素（　　）。

A. 不可修复废品的生产成本　　　B. 废品的残值

C. 废品的应收赔款　　　D. 废品的价值大小

3. "废品损失"科目的借方登记（　　）。

A. 可修复废品成本　　　B. 不可修复废品成本

C. 可修复废品的修复费用　　　D. 不可修复废品的应收赔款

4. 废品按其产生的责任划分，可分为（　　）。

A. 工废品　　　B. 料废品　　　C. 可修复废品　　　D. 不可修复废品

5. 废品按其修复技术的可能性和修复费用的经济合理性可分为（　　）。

A. 工废品　　　B. 料废品　　　C. 可修复废品　　　D. 不可修复废品

6. 在计算废品损失时，一般包括以下哪些项目（　　）。

A. 可修复废品的修复费用　　　B. 不可修复废品的修复费用

C. 不可修复废品的成本　　　D. 不可修复废品的残值

7. 在下列各项损失中，不属于废品损失的项目有（　　）。

A. 产品入库后发现的生产中发生的废品损失

B. 产品入库后发现的由于保管不当发生的损失

C. 出售后发现的废品由于包退发生的损失

D. 出售后发现的废品由于包修发生的损失

8. "废品损失"科目贷方的对应科目可能有（　　）。

A. "生产成本"科目　　　B. "其他应收款"科目

C. "制造费用"科目　　　D. "原材料"科目

9. "停工损失"科目贷方的对应科目可能有（　　）。

A. "其他应收款"科目　　　B. "营业外支出"科目

C. "制造费用"科目　　　D. "管理费用"科目

10. "停工损失"科目借方登记停工期间发生的费用，应该计入的费用有（　　）。

A. 材料费用　　　B. 工资及福利费　　　C. 废品损失　　　D. 制造费用

## 三、判断题

1. 经过质量检验部门鉴定不需返修，可以降价出售的不合格产品的降价损失，应作

为销售费用处理。（　　）

2．根据企业各种费用分配表和不可修复废品成本等有关资料，编制不可修复废品损失计算表时，废品成本按实际成本计算。（　　）

3．非季节性的停工损失，应列入"营业外支出"科目中。（　　）

4．不可修复的废品只是指不能修复的废品。（　　）

5．废品损失还包括不需要返修、可以降价出售的不合格品的降价损失。（　　）

6．废品损失包括产成品入库后由于保管不当造成的损失。（　　）

7．废品损失包括实行包退、包换、包修的企业在产品出售后发现废品时所发生的一切损失。（　　）

8．结转不可修复废品的成本时，应借记"生产成本——基本生产成本"科目，贷记"废品损失"科目。不可修复废品的成本可以按其所耗实际费用计算，也可以按其所耗定额费用计算。（　　）

9．季节性和固定资产修理期间的停工损失，应记入"管理费用"科目中。（　　）

10．废品的净损失，包括可修复废品的修复费用、不可修复废品的成本扣除残值，应于期末，直接计入当期损益，列入"本年利润"科目中，不再计入该种产品的成本了。（　　）

### 四、业务题

#### 1．练习不可修复废品的核算

某企业某月份投产丁产品 180 件，生产过程中发现不可修复废品 30 件；该产品成本明细账所记合格品与废品的全部费用为：直接材料 4 500 元，直接工资 2 224 元，制造费用 5 560 元，废品回收残料 110 元。直接材料于生产开始时一次投入，因此直接材料费按合格品（150 件）和废品（30 件）的数量比例进行分配。其他费用按生产工时比例分配，生产工时为：合格品 2 360 小时，废品 420 小时。

**要求**：根据上述资料，填制不可修复废品损失计算表（表 6-1），编制会计分录。

#### 表 6-1　不可修复废品损失计算表

金额单位：元

| 项　　目 | 数量/件 | 直接材料 | 生产工时 | 直接工资 | 制造费用 | 合计 |
|---|---|---|---|---|---|---|
| 费用总额 | | | | | | |
| 费用分配率 | | | | | | |
| 废品成本 | | | | | | |
| 减：残值 | | | | | | |
| 废品报废损失 | | | | | | |

会计分录：

### 2. 练习可修复废品和不可修复废品的核算

某企业 10 月份在生产过程中发现废品，资料如下：

（1）该企业基本生产车间本月生产 A 产品 2 000 件，其中合格品 1 850 件，不可修复废品 100 件，可修复废品 50 件。

（2）生产 A 产品 2 000 件，共发生工时 48 000 小时，其中不可修复废品工时为 2 400 小时。

（3）本月生产 A 产品发生原材料费用共 30 000 元，工资及福利费 48 000 元，制造费用 19 200 元。

（4）本月对可修复废品进行修理而发生材料费 280 元，工资费用 320 元，提取的职工福利费 44.8 元，制造费用 705.2 元。

（5）不可修复废品 100 件的残值，估价 720 元，作为废料入库。

（6）生产 A 产品所需的原材料系开始投产时一次投入。

**要求：**

（1）填制不可修复废品损失计算表（见表 6-2）。

### 表 6-2　不可修复废品损失计算表

金额单位：元

| 项　　　目 | 数量/件 | 直接材料 | 生产工时 | 直接工资 | 制造费用 | 合计 |
|---|---|---|---|---|---|---|
| | | | | | | |
| | | | | | | |
| | | | | | | |
| | | | | | | |
| | | | | | | |
| | | | | | | |

（2）编制不可修复废品和可修复废品损失的会计分录。

### 3. 练习停工损失的核算

某工业企业某车间停工若干天，停工期间发生的费用：领用原材料 1 300 元，应付生产工人工资 1 950 元，按生产工人工资提取职工福利费 273 元，应分配制造费用 2 557 元，经查明，停工由责任事故造成，应由责任单位赔偿 4 000 元，其余由该车间两种产品按生产工时比例分配负担。两种产品生产工时：甲产品 2 250 小时，乙产品 1 910 小时。

**要求：**

（1）计算该车间停工净损失。

（2）在甲、乙产品之间分配停工净损失。

（3）编制、归集和分配停工损失会计分录。

参考答案

# 项目七　完工产品与在产品成本的计算

## 一、单项选择题

1. 狭义的在产品是指（　　）。

A．本生产单位正在加工的在产品

B．本生产步骤正在加工的在制品

C．本生产单位已经完工交库的自制半成品

D．本生产步骤已经完工交库的自制半成品

2. 月末可以不计算在产品成本的条件是（　　）。

A．各月末在产品数量较大　　　　B．各月末在产品数量较小

C．各月末在产品数量变化较大　　D．各月末在产品数量变化较小

3. 如果产品成本中材料费用所占的比重较大，为了简化成本计算工作，应采用（　　）。

A．约当产量法

B．在产品成本按所耗原材料费用计价法

C．在产品按固定成本计价法

D．在产品按定额成本计价法

4. 生产成本在完工产品和在产品之间分配时，如果企业月末在产品数量很小，或者在产品数量较多，但各月之间在产品数量变动不大，适于采用（　　）。

A．不计算在产品成本法　　　　B．在产品按固定成本计价法

C．在产品按约当产量法　　　　D．在产品按定额比例计价法

5. 某车间月生产 D 产品 8 000 件，月末在产品数量通常为 60 件左右，且成本构成比较稳定，价值较低，则对在产品成本宜采用（　　）。

A．不计算在产品成本法　　　　B．在产品按固定成本计价法

C．约当产量法　　　　　　　　D．在产品按定额比例成本计价法

6. 甲产品月末在产品只计算原材料费用。该产品月初在产品原材料费用为 3 600 元；本月发生的原材料费用为 2 100 元。原材料均在生产开始时一次投入。本月完工产品 200 件，月末在产品 100 件，在产品完工程度为 50%。甲产品本月末在产品原材料费用是（　　）元。

A．5 700　　　　B．3 800　　　　C．2 100　　　　D．1 900

7. 完工产品与在产品之间分配费用的在产品按所耗原材料费用计价法适用于（　　）的产品。

A．各月末在产品数量较大

B．各月末在产品数量变化较大

C．原材料费用在产品成本中比重较大

D．以上三项条件同时具备

8．对于定额管理基础较好，各项消耗定额较准确、稳定，且各月末在产品数量变化较大的企业，生产费用在完工产品与在产品之间的分配方法适宜采用（　　）。

A．约当产量法

B．在产品按所耗原材料费用计价法

C．在产品按定额成本计价法

D．在产品按定额比例计价法

9．C产品要经历三道工序完成，各工序的定额工时分别为30小时、10小时和10小时，则第二道工序的在产品完工程度是（　　）。

A．50%　　　　B．70%　　　　C．80%　　　　D．90%

10．若各项消耗定额或费用定额比较准确、稳定，而且各月末在产品数量变化不大的产品，其月末在产品成本的计算方法可采用（　　）。

A．在产品按完工产品计价法　　　　B．约当产量法

C．在产品按定额成本计价法　　　　D．在产品按所耗原材料费用计价法

11．在约当产量法下，原材料费用按完工产品与在产品数量的比例进行分配的条件是（　　）。

A．原材料费用所占比重较大　　　　B．原材料在生产开始时一次投入

C．原材料费用定额比较准确　　　　D．原材料分工序一次投入

12．甲产品本月完工50件，月末在产品60件，在产品平均完工程度为50%，累计发生产品费用100 000元，采用约当产量法计算在产品成本时，本月完工产品的成本是（　　）元。

A．37 500　　　　B．45 455　　　　C．62 500　　　　D．54 545

13．A产品要经过三道工序完成，各工序的投料分别为50千克、30千克和20千克，材料在每道工序生产开始后陆续投入，则第二道工序在产品的投料比例是（　　）。

A．30%　　　　B．80%　　　　C．65%　　　　D．35%

14．某产品单位定额工时为60小时，第一、二、三道工序定额工时分别为15小时、25小时、20小时。各工序在产品在本工序的完工程度均为50%，该产品第三道工序的加工程度为（　　）。

A．33.33%　　　　B．50%　　　　C．66.67%　　　　D．83.33%

15．假设上题第一、二、三道工序月末在产品数量分别为100件、150件和200件，据此计算的月末在产品约当产量为（　　）件。

A．450　　　　B．362.5　　　　C．281.25　　　　D．247.92

## 二、多项选择题

1．广义的在产品包括（　　）。

A．正在各步骤加工的在产品

B．已转入半成品库准备继续加工的半成品

C．从外购入的已入库的半成品

D．等待返修的废品

2．在选择生产费用在完工产品与在产品之间分配的方法时应当考虑的因素有（　　）。

A．月末在产品数量的多少　　　　　B．月末在产品数量变化的大小

C．各项生产费用比重的大小　　　　D．定额管理基础的好坏

3．生产车间转出完工产品时，借记的账户可能有（　　）。

A．库存商品　　　B．原材料　　　C．周转材料　　　D．辅助生产成本

4．在产品按所耗原材料费用计价法适用的范围是（　　）。

A．各月末在产品数量较多

B．各月末在产品数量变化较大

C．直接材料费用在产品成本中所占比重较大

D．工资等加工费用所占的比重较小

5．约当产量法适用于分配（　　）。

A．制造费用　　　　　　　　　　　B．直接材料费用

C．管理费用　　　　　　　　　　　D．直接人工费用

6．下列各种方法，属于生产费用在完工产品与在产品之间分配的方法有（　　）。

A．交互分配法　　　　　　　　　　B．在产品按定额比例计价法

C．在产品按年初数固定计价法　　　D．在产品按定额成本计价法

7．确定生产费用在完工产品与在产品之间的分配方法，应考虑的因素有（　　）。

A．各月末在产品数量的变化大小

B．产品成本中各项费用所占比重多少

C．产品的各项消耗定额是不是准确、齐全

D．月末在产品数量的多少

8．生产费用在完工产品和在产品之间进行分配，会使本月发生的生产费用全部由本月完工产品负担的方法有（　　）。

A．不计算在产品成本法

B．在产品按定额成本计价法

C．在产品成本按年初数固定计价法

D．在产品按所耗原材料费用计价法

9．约当产量法适用于（　　）的产品。

A．月末在产品数量较大

B．产品成本中原材料费用和工资等其他费用所占比重相差不大

C．各月末在产品数量变化较大

D．产品成本中原材料费用所占比重较大

10．各月份在产品数量较多而且变化也较大，在完工产品与月末在产品之间分配生产费用时，不宜采用的方法有（　　）。

A．在产品不计算成本法　　　　　B．在产品按固定成本计价法

C．约当产量法　　　　　　　　　D．在产品按定额成本计价法

11．在产品成本按完工产品成本计价法，适用于（　　）。

A．月末在产品已接近完工

B．产品已经加工完毕尚未验收入库

C．产品已经加工完毕尚未包装入库

D．月末在产品数量很大

12．基本生产车间完工产品转出时，借记的科目可能有（　　）。

A．"生产成本——基本生产成本"　　B．"生产成本——辅助生产成本"

C．"库存商品"　　　　　　　　　　D．"自制半成品"

13．采用定额比例法分配完工产品与在产品费用的适用条件是（　　）。

A．消耗定额比较准确

B．消耗定额比较稳定

C．消耗定额比较准确、稳定，各月末在产品数量变化不大

D．消耗定额比较准确、稳定，各月末在产品数量变化较大

14．计算在产品约当产量时，要考虑的因素有（　　）。

A．原材料投料方式　　　　　　　B．月末各工序在产品数量

C．在产品的完工程度　　　　　　D．完工产品数量

15．在完工产品与在产品之间分配费用的在产品不计算成本法适用于（　　）的产品。

A．没有在产品　　　　　　　　　B．各月末在产品数量很小

C．各月末在产品数量变化不大　　D．各月末在产品数量固定

### 三、判断题

1．完工产品成本＝期初在产品成本＋本期生产费用。（　　）

2．各月末在产品数量变化不大的产品，可以不计算月末在产品成本。（　　）

3．定额比例法又简称为定额成本法。（　　）

4．已经完工但尚未验收入库的在产品，其成本可以视同为完工产品进行计算。（　　）

5．月末在产品数量较大，且各月末在产品数量变化也较大的产品，其月末在产品可按年初数固定计价。（　　）

6．在产品按定额成本计价，各月生产费用脱离定额的差异，全部由完工产品负担。（　　）

ソ

7．约当产量是指月末在产品数量按照完工程度折算的相当于完工产品的数量。（　　　）

8．采用在产品不计算成本法时，某产品某月发生的生产费用之和，就是该产品的完工产品成本。（　　　）

9．如果原材料在生产产品的每道工序开始时一次投入，则用来分配原材料费用的最后一道工序的投料率为100%。（　　　）

10．生产费用在完工产品和月末在产品之间分配时，按两者的定额费用比例分配，有利于分析和考核定额的执行情况。（　　　）

11．在完工产品与在产品之间分配费用，如果采用在产品按完工产品计价法，则在产品就成为完工产品，全部生产费用之和就是完工产品成本。（　　　）

12．对不存在月末在产品的企业可采用不计算在产品成本法。（　　　）

13．广义在产品是指正在某车间或某生产步骤中加工的在产品。（　　　）

14．在产品按定额成本计价法适用于各项消耗或费用定额比较准确、稳定，但各月末在产品数量变化较大的产品。（　　　）

15．定额比例法适用于各项消耗或费用定额比较准确、稳定，但各月末在产品数量变化不大的产品。（　　　）

四、业务题

**1. 练习约当产量法的应用（生产开始时一次投料方式）**

某企业生产A产品，原材料于生产开始时一次投入，本月完工产品数量为2 600件，月末在产品数量400件，月末在产品完工程度为50%，本月有关生产费用资料如表7-1所示。

表7-1　月初在产品成本和本月生产费用

单位：元

| 项　　目 | 直接材料 | 直接人工 | 制造费用 | 合　　计 |
|---|---|---|---|---|
| 月初在产品费用 | 20 000 | 9 000 | 8 000 | 37 000 |
| 本月生产费用 | 100 000 | 30 000 | 28 000 | 158 000 |

**要求**：采用约当产量法计算完工产品与月末在产品的成本，并填制产品成本计算单（见表7-2）。

表 7-2　产品成本计算单

产品名称：　　　　　　　　　　　　　年　月　　　　　　　　　　　单位：元

| 摘　要 | 直接材料 | 直接人工 | 制造费用 | 合　计 |
|---|---|---|---|---|
| 月初在产品成本 | | | | |
| 本月发生生产费用 | | | | |
| 生产费用合计 | | | | |
| 完工产品产量/件 | | | | |
| 在产品约当量/件 | | | | |
| 约当量合计/件 | | | | |
| 费用分配率 | | | | |
| 完工产品总成本 | | | | |
| 月末在产品成本 | | | | |

**2. 练习约当产量法应用（每道工序开工时一次投料）**

某企业生产 B 产品，需要经过三道工序加工制成，原材料于每道工序一开始时投入，本月有关生产费用资料如表 7-3 所示。

表 7-3　月初在产品成本和本月生产费用

单位：元

| 项　目 | 直接材料 | 直接人工 | 制造费用 | 合　计 |
|---|---|---|---|---|
| 月初在产品费用 | 18 000 | 6 000 | 6 000 | 30 000 |
| 本月生产费用 | 82 000 | 24 000 | 30 000 | 136 000 |

本月完工产品数量为 2 000 件，月末在产品数量 500 件，在产品结存于各工序，定额资料如表 7-4 所示。

表 7-4　定额资料

| 工　序 | 在产品数量/件 | 材料消耗定额/千克 | 工时定额/小时 |
|---|---|---|---|
| 一 | 200 | 60 | 30 |
| 二 | 200 | 60 | 40 |
| 三 | 100 | 80 | 30 |
| 合　计 | 500 | 200 | 100 |

**要求：**

（1）计算约当产量，填表（见表 7-5）。

（2）采用约当产量法计算 B 产品完工产品与月末在产品的成本，并填制产品成本计算单（见表 7-6）。

表 7-5　在产品约当产量计算表

单位：元

| 工序 | 在产品数量 | 材料定额 | 在产品投料率 | 约当量 | 工时定额 | 在产品完工程度 | 约当量 |
|---|---|---|---|---|---|---|---|
| 一 | | | | | | | |
| 二 | | | | | | | |
| 三 | | | | | | | |
| 合计 | | | | | | | |

表 7-6　产品成本计算单

产品名称：　　　　　　　　　　　年　月　　　　　　　　　　单位：元

| 摘　　要 | 直接材料 | 直接人工 | 制造费用 | 合　　计 |
|---|---|---|---|---|
| 月初在产品成本 | | | | |
| 本月发生生产费用 | | | | |
| 生产费用合计 | | | | |
| 完工产品产量/件 | | | | |
| 在产品约当量/件 | | | | |
| 约当量合计/件 | | | | |
| 费用分配率 | | | | |
| 完工产品总成本 | | | | |
| 月末在产品成本 | | | | |

## 3．练习约当产量法应用（每道工序开始后陆续投料）

某企业生产 C 产品，需要经过两道工序加工制成，原材料于每道工序开始后陆续投入，本月有关生产费用资料如表 7-7 所示。

表 7-7　月初在产品成本和本月生产费用

单位：元

| 项　　目 | 直接材料 | 直接人工 | 制造费用 | 合　　计 |
|---|---|---|---|---|
| 月初在产品费用 | 32 000 | 6 400 | 3 600 | 42 000 |
| 本月生产费用 | 63 000 | 18 600 | 10 400 | 92 000 |

本月完工产品数量为 1 000 件，月末在产品数量 400 件，在产品结存于各工序，定额

资料如表 7-8 所示。

表 7-8　定额资料

| 工　序 | 在产品数量/件 | 材料消耗定额/千克 | 工时定额/小时 |
|---|---|---|---|
| 一 | 160 | 80 | 36 |
| 二 | 240 | 40 | 24 |
| 合　计 | 400 | 120 | 60 |

**要求：**

（1）计算约当产量，填表（见表 7-9）。

（2）采用约当产量法计算 C 产品完工产品与月末在产品的成本，并填制产品成本计算单（见表 7-10）。

表 7-9　在产品约当产量计算表

单位：元

| 工序 | 在产品数量 | 材料定额 | 在产品投料率 | 直接材料约当量 | 工时定额/小时 | 在产品完工程度 | 加工费用约当量 |
|---|---|---|---|---|---|---|---|
| 一 | | | | | | | |
| 二 | | | | | | | |
| 合计 | | | | | | | |

表 7-10　产品成本计算单

产品名称：　　　　　　　　　　　年　　月　　　　　　　　　　单位：元

| 摘　　要 | 直接材料 | 直接人工 | 制造费用 | 合　　计 |
|---|---|---|---|---|
| 月初在产品成本 | | | | |
| 本月发生生产费用 | | | | |
| 生产费用合计 | | | | |
| 完工产品产量/件 | | | | |
| 在产品约当量/件 | | | | |
| 约当量合计/件 | | | | |
| 费用分配率 | | | | |
| 完工产品总成本 | | | | |
| 月末在产品成本 | | | | |

**4．练习定额成本计价法的应用**

某企业生产 D 产品，需要经过两道工序加工制成，各道工序在产品的平均加工程度为 50%，原材料在各道工序开始时一次投入，本月完工产品 1 800 件，月末在产品 600 件，D 产品所用原材料计划单价为 4 元/千克，单位在产品人工费用定额为 4 元/小时，制造费用定额为 3 元/小时。本月有关生产费用资料如表 7-11 所示，在产品的产量和定额消耗资料如表 7-12 所示。

表 7-11　月初在产品成本和本月生产费用

单位：元

| 项　　目 | 直接材料 | 直接人工 | 制造费用 | 合　　计 |
|---|---|---|---|---|
| 月初在产品费用 | 58 500 | 9 800 | 8 200 | 76 500 |
| 本月生产费用 | 98 000 | 32 000 | 26 000 | 156 000 |

表 7-12　在产品的产量和定额消耗

| 工　序 | 在产品数量 | 材料消耗定额/千克 | 工时定额/小时 |
|---|---|---|---|
| 一 | 400 | 30 | 6 |
| 二 | 200 | 10 | 4 |
| 合　计 | 600 | 40 | 10 |

**要求**：按定额成本计价法分配计算本月完工产品和月末在产品成本（见表 7-13），并填制产品成本计算单（见表 7-14）。

表 7-13　月末在产品定额成本计算表

单位：元

| 工　序 | 在产品数量 | 原材料定额/千克 | 直接材料 | 定额工时/小时 | 直接人工 | 制造费用 | 定额成本合计 |
|---|---|---|---|---|---|---|---|
| 一 | | | | | | | |
| 二 | | | | | | | |
| 合　计 | | | | | | | |

表 7-14　产品成本计算单

产品名称：　　　　　　　　　　　年　　月　　　　　　　　单位：元

| 摘　　要 | 直接材料 | 直接人工 | 制造费用 | 合　　计 |
|---|---|---|---|---|
| 月初在产品成本 | | | | |
| 本月生产费用 | | | | |
| 生产费用合计 | | | | |
| 完工产品成本 | | | | |
| 月末在产品成本 | | | | |

## 5. 练习定额比例计价法应用

某企业生产 E 产品，有关产量资料、生产费用资料及定额资料如表 7-15 所示。

表 7-15　费用及定额资料

单位：元

| 项　　目 | 直接材料 | 直接人工 | 制造费用 | 合　　计 |
|---|---|---|---|---|
| 月初在产品成本 | 30 000 | 16 200 | 14 300 | 60 500 |
| 本月生产费用 | 120 000 | 44 000 | 29 200 | 193 200 |
| 单位完工产品定额 | 20 | 14 | | |
| 单位在产品定额 | 20 | 10 | | |
| 完工产品数量/件 | | | | 850 |
| 月末在产品数量/件 | | | | 150 |

**要求：**

（1）采用定额比例计价法计算 E 产品完工产品和月末在产品成本后，填制产品成本计算单（见表 7-16）。

（2）编制 E 产品完工产品入库会计分录。

表 7-16　产品成本计算单

产品名称：　　　　　　　　　　　年　　月　　　　　　　　　单位：元

| 摘　　要 | 直接材料 | 直接人工 | 制造费用 | 合　　计 |
|---|---|---|---|---|
| 月初在产品成本 | | | | |
| 本月发生生产费用 | | | | |
| 生产费用合计 | | | | |
| 完工产品定额 | | | | |
| 月末在产品定额 | | | | |
| 费用分配率 | | | | |
| 完工产品实际成本 | | | | |
| 月末在产品实际成本 | | | | |

参考答案

# 项目八　品种法的运用

## 一、单项选择题

1. 品种法适用于（　　）。

A. 单件小批生产的企业

B. 新产品试制或试验的生产

C. 大量大批多步骤生产的企业

D. 单步骤、大量生产的企业

2. 产品成本计算的品种法，是按（　　）归集生产费用和计算产品成本的一种方法。

A. 产品生产步骤
B. 产品批别

C. 产品品种
D. 产品类别

3. 产品成本计算的品种法的成本计算期是（　　）。

A. 月份
B. 年度

C. 季度
D. 产品的生产周期

4. 品种法就是（　　）。

A. 简易成本计算法

B. 按照产品品种和生产步骤计算产品成本的一种方法

C. 按照产品品种计算产品成本的方法

D. 单一法

5. 品种法的根本特点是（　　）

A. 以产品品种为成本计算对象

B. 成本计算一般要按月进行

C. 月末一般应根据具体情况处理在产品成本

D. 不分步骤计算产品成本

6. 品种法适用于（　　）。

A. 大量生产

B. 成批生产

C. 单件小批生产

D. 大量大批的单步骤生产和管理上不要求分步骤计算成本的大量大批多步骤生产

7. 品种法适用于（　　　）。

A. 大量成批生产　　　　　　　　B. 大量大批生产

C. 大量小批生产　　　　　　　　D. 单件小批生产

8. 下列各种产品成本计算方法，适用于单步骤、大量生产的是（　　　）。

A. 品种法　　　　　　　　　　　B. 分批法

C. 逐步结转分步法　　　　　　　D. 平行结转分步法

9. 下列不属于品种法成本计算主要特点的是（　　　）。

A. 计算对象是产品品种

B. 一般每月月末定期计算产品成本

C. 一般月末要将生产费用在完工产品和在产品之间进行分配

D. 成本计算期与产品生产周期一致

10. 品种法是产品成本计算的（　　　）。

A. 主要方法　　　　　　　　　　B. 重要方法

C. 最基本方法　　　　　　　　　D. 最一般方法

## 二、多项选择题

1. 下列属于品种法成本计算主要特点的是（　　　）。

A. 成本计算对象是产品品种

B. 一般每月月末定期计算产品成本

C. 一般月末要将生产费用在完工产品和在产品之间进行分配

D. 产品计算期与产品生产周期一致

2. 对于品种法，下列说法不正确的是（　　　）。

A. 如果企业生产的产品属于多步骤生产，则应采用品种法计算产品成本

B. 如果企业属简单生产型及大量大批生产型，则应采用品种法计算产品成本

C. 品种法是指以产品品种作为成本计算对象，归集和分配生产费用，计算产品成本的一种方法

D. 品种法是指以生产过程中各个加工步骤（分品种）为成本计算对象，归集生产费用，计算各步骤半成品和最后产成品成本的一种方法

3. 对于品种法，下列说法正确的是（　　　）。

A. 如果企业生产的产品属于多步骤生产，则应采用品种法计算产品成本

B. 如果是单步骤、大量生产的企业，则应采用品种法计算产品成本

C. 品种法是指以产品品种作为成本计算对象，归集和分配生产费用，计算产品成本的一种方法

D. 品种法一般每月月末定期计算产品成本

4. 品种法适用于（　　　）。

A. 大量大批的单步骤生产

B．大量大批的多步骤生产

C．管理上不要求分步骤计算成本的多步骤生产

D．小批、单件，管理上不要求分步骤计算成本的多步骤生产

5．品种法的特点包括（　　　）。

A．成本核算对象是产品品种

B．品种法一般定期计算产品成本

C．如果月末有在产品，要将生产成本在完工产品和在产品之间进行分配

D．成本计算期与产品的生产周期基本一致

6．品种法适用于（　　　）。

A．单件单步骤生产

B．大量大批生产规模较小的多步骤生产

C．大量大批单步骤生产

D．大量大批按流水线组织的多步骤生产

7．产品成本计算的基本方法是（　　　）。

A．品种法                         B．分批法

C．分步法                         D．分类法

8．产品成本计算的其他方法包括（　　　）。

A．品种法                         B．分类法

C．分步法                         D．定额法

9．品种法不适用于（　　　）。

A．多步骤但管理上不要求分步骤计算产品成本的单件生产

B．多步骤但管理上不要求分步骤计算产品成本的大批生产

C．大量大批生产的单步骤生产

D．多步骤生产，管理上要求分步骤计算成本的大批生产

10．在产品成本计算过程中存在的成本计算对象有（　　　）。

A．产品品种                       B．产品类型

C．产品批别                       D．产品生产步骤

三、判断题

1．企业按照客户订单组织产品生产的情况下，应当采用品种法计算产品成本。（　　　）

2．采用品种法计算产品成本，月末应采用适当的分配方法，将生产费用在完工产品和月末在产品之间进行分配。（　　　）

3．品种法的成本计算期与会计报告期一致，一般与生产周期不一致。（　　　）

4．品种法也可称为简单法或单一法、简易成本计算法。（　　　）

5．不论什么样的工业企业，不论什么生产类型的产品生产，也不论成本管理要求如何，最终都必须按产品品种来计算产品成本。（　　　）

6．一般来说水泥厂、造纸厂、发电厂、采矿业都是大量生产，适合采用品种法计算产品成本。（　　）

7．分类法是品种法的一种延伸，它不是一种独立的成本计算方法。（　　）

8．品种法只适合于大量大批单步骤生产的企业。（　　）

9．品种法主要适用于大量大批单步骤生产的企业，如发电、采掘等企业。（　　）

10．约当产量就是将月末在产品数量按照完工程度折算为相当于完工产品的数量。（　　）

## 四、业务题

1．某工厂设有一个基本生产车间，2021 年 7 月生产 A 产品，采用品种法计算产品成本，期末没有在产品，有关成本资料如表 8-1～表 8-4 所示。

表 8-1　发出材料分配表

单位：元

| 分配对象 | 项　目 | 金　额 |
| --- | --- | --- |
| A 产品 | 直接材料 | 65 000 |
| 基本生产车间 | 机物料消耗 | 1 550 |
| 合　计 | | 66 550 |

表 8-2　工资及福利费分配表

单位：元

| 分配对象 | 项　目 | 工　资 |
| --- | --- | --- |
| A 产品 | 直接人工 | 30 000 |
| 基本生产车间 | 工资 | 5 000 |
| 合　计 | | 35 000 |

表 8-3　固定资产折旧计算表

单位：元

| 分配对象 | 项　目 | 应提折旧 |
| --- | --- | --- |
| 基本生产车间 | 折旧费 | 5 000 |

表 8-4　其他费用汇总表

单位：元

| 分配对象 | 项目和金额 | | |
| --- | --- | --- | --- |
| | 办公费 | 修理费 | 合　计 |
| 基本生产车间 | 1 200 | 300 | 1 500 |

**要求：**根据上述资料计算产品生产成本，填制产品成本计算单（见表8-5）并编制会计分录。

表8-5  产品成本计算单

产品名称：A产品　　　　　　　　　　2021年7月　　　　　　　　　　单位：元

| 摘　要 | 直接材料 | 直接人工 | 制造费用 | 合　计 |
|---|---|---|---|---|
| 月初在产品成本 | | | | |
| 本月生产费用 | | | | |
| 合计 | | | | |
| 单位产品成本 | | | | |
| 月末在产品成本 | | | | |
| 完工产品成本 | | | | |

2．光明公司只有一个产品生产车间，单步骤、大量生产A、B两种产品，月末在产品的完工程度均为50%，该公司2021年8月的有关资料如下：

（1）产量资料如下：A产品月初在产品50件，本月投产500件，本月完工产品400件，月末在产品150件；B产品月初在产品70件，本月投入530件，本月完工产品500件，月末在产品100件。

（2）月初在产品成本资料如表8-6所示。

表8-6  月初在产品成本表

单位：元

| 项　目 | 直接材料 | 直接人工 | 制造费用 | 合　计 |
|---|---|---|---|---|
| A产品 | 400 | 498.75 | 222.5 | 1 121.25 |
| B产品 | 556 | 750 | 302.5 | 1 608.5 |

（3）该月发生生产费用如下：

材料费用：生产A产品消耗甲材料4 000元，生产B产品消耗乙材料5 000元，A、

B 产品共同耗用工人工资 10 000 元，按工资的 14% 计提福利费；

其他费用：生产车间厂房机器设备折旧费用 1 000 元，生产车间的办公费用 4 000 元，生产车间的水电费 500 元。

（4）工时记录：A 产品耗用工时 4 000 小时，B 产品耗用工时 6 000 小时。

（5）该厂有关费用的分配方法：生产工人工资、车间制造费用按工时分配。

**要求：**

（1）编制分配材料费、人工费用、其他费用及制造费用的会计分录。

（2）计算 A、B 产品的生产成本并填制产品成本计算单（见表 8-7 和表 8-8）。

表 8-7　产品成本计算单

产品名称：A 产品　　　　　　　　　　2021 年 8 月　　　　　　　　　　单位：元

| 摘　要 | 直接材料 | 直接人工 | 制造费用 | 合　计 |
|---|---|---|---|---|
| 月初在产品成本 | | | | |
| 本月生产费用 | | | | |
| 合计 | | | | |
| 单位产品成本 | | | | |
| 月末在产品成本 | | | | |
| 完工产品成本 | | | | |

表 8-8　产品成本计算单

产品名称：B 产品　　　　　　　　　　2021 年 8 月　　　　　　　　　　单位：元

| 摘　要 | 直接材料 | 直接人工 | 制造费用 | 合　计 |
|---|---|---|---|---|
| 月初在产品成本 | | | | |
| 本月生产费用 | | | | |
| 合计 | | | | |
| 单位产品成本 | | | | |
| 月末在产品成本 | | | | |
| 完工产品成本 | | | | |

3．甲公司为单步骤简单生产企业，设有一个基本生产车间，大量生产 A、B 两种产品；另设有供电、机修两个辅助生产车间，为全厂提供产品和劳务。根据生产特点和管理要求，甲、乙两种产品采用品种法计算产品成本。

该公司 2021 年 8 月有关成本资料如下所述。

（1）月初在产品成本资料如表 8-9 所示

表 8-9　月初在产品成本表

单位：元

| 产品名称 | 直接材料 | 直接人工 | 制造费用 | 合　　计 |
|---|---|---|---|---|
| A 产品 | 9 480 | 34 550 | 3 000 | 47 030 |
| B 产品 | 7 280 | 17 955 | 2 612 | 27 847 |

（2）产品产量资料如表 8-10 所示。

表 8-10　产品产量表

2021 年 8 月　　　　　　　　　　　　　　　　单位：件

| 产品名称 | 月初在产品 | 本月投入 | 本月完工产品 | 月末在产品 |
|---|---|---|---|---|
| A 产品 | 100 | 800 | 850 | 50 |
| B 产品 | 80 | 700 | 750 | 30 |

A 产品实际生产工时 10 000 小时，B 产品实际生产工时 5 000 小时。A、B 两种产品的原材料都在生产开始时一次投入，加工费用比较均衡，月末在产品完工程度均为 50%，完工产品和在产品按约当产量法分配，辅助生产费用采用直接分配法分配。

（3）本月发生生产费用。本月发出材料汇总表如表 8-11 所示。

表 8-11　发出材料汇总表

2021 年 8 月　　　　　　　　　　　　　　　　单位：元

| 领料部门和用途 | 原材料 | 辅助材料 | 合　　计 |
|---|---|---|---|
| 基本生产车间 | | | |
| A 产品耗用 | 90 000 | | 90 000 |
| B 产品耗用 | 72 000 | | 72 000 |
| 合计 | 162 000 | | 162 000 |
| 车间管理部门耗用 | | 3 600 | 3 600 |
| 供电车间耗用 | 1 000 | 600 | 1 600 |
| 机修车间耗用 | 2 000 | 300 | 2 300 |
| 厂部管理部门耗用 | | 1 200 | 1 200 |
| 合计 | 165 000 | 5 700 | 170 700 |

本月职工薪酬结算汇总表如表 8-12 所示。

表 8-12　职工薪酬汇总表

2020 年 8 月　　　　　　　　　　　　　　　　　　　　　　　　　　　　单位：元

| 人员类别 | 应付职工薪酬 |
|---|---|
| 基本生产车间——产品生产工人 | 513 000 |
| 基本生产车间——车间管理人员 | 20 520 |
| 供电车间工人 | 10 260 |
| 机修车间工人 | 8 208 |
| 厂部管理部门人员 | 34 200 |
| 合　　计 | 586 188 |

本月应计提固定资产折旧费 20 300 元，其中基本生产车间 9 000 元，供电车间 1 800 元，机修车间 4 500 元，厂部管理部门 5 000 元；

本月应分摊财产保险费 3 000 元，其中基本生产车间 1 100 元，供电车间 800 元，机修车间 600 元，厂部管理部门 500 元；

本月以银行存款支付的费用为 14 000 元，其中基本生产车间办公费 3 600 元，水费 2 800 元；供电车间水费 1 100 元；机修车间办公费 1 500 元；厂部管理部门办公费 4 000 元，水费 1 000 元；

本月供电车间共供电 19 450 度，其中机修车间耗用 450 度，生产 A 产品消耗 6 000 度，生产 B 产品消耗 7 000 度，基本生产车间一般耗用 2 500 度，管理部门耗用 3 500 度；

本月机修车间共提供劳务耗用 4 888 小时，其中供电车间耗用 288 小时，基本生产车间一般耗用 4 000 小时，管理部门耗用 600 小时。

**要求：**

（1）编制各项要素费用分配表，分配各项要素费用并编制会计分录（各要素费用分配表由学生自己编制，所有分配率保留到小数点后 3 位，金额取整数）。

（2）根据各项要素费用分配表登记有关辅助生产成本明细账、制造费用明细账、产品成本计算单（相关明细账及成本计算单由学生自己编制）。

参考答案

# 项目九    分批法的运用

一、单项选择题

1. 产品成本计算方法中要设置基本生产成本二级明细账的是（    ）。

A．一般分批法　　　　　　　　B．简化分批法

C．分类法　　　　　　　　　　D．品种法

2. 在分批法下，各批次共同发生的间接费用按（    ）归集。

A．费用发生地点　　　　　　　B．费用发生时间

C．费用用途　　　　　　　　　D．费用项目

3. 开发试制新产品一般采用（    ）计算产品成本。

A．品种法　　　　　　　　　　B．分批法

C．定额法　　　　　　　　　　D．分类法

4. 在简化分批法下，累计间接费用分配率（    ）。

A．既是各批产品之间，也是完工产品和在产品之间分配间接费用的依据

B．只是在各批在产品之间分配间接费用的依据

C．只是在各批产品之间分配间接费用的依据

D．只是完工产品与在产品之间分配间接费用的依据

5. 企业大量简单生产一种产品，所耗原料、加工工艺相同，但是质量不同，有一级、二级、三级、四级四个等级，应采用的成本计算方法是（    ）。

A．品种法　　　　　　　　　　B．分批法

C．分步法　　　　　　　　　　D．分类法

6. 分批法的成本计算期与会计报告期（    ）。

A．一致　　　　　　　　　　　B．不一致

C．可能不一致　　　　　　　　D．不完全一致

7. 产品成本计算期不固定，一般不存在完工产品与在产品之间费用分配问题的成本计算方法是（    ）。

A．平行结转分步法　　　　　　B．逐步结转分步法

C．分批法　　　　　　　　　　D．品种法

8. 下列情况可以作为同一批次生产的是（    ）。

A．不同订货单位在相同时间的同一品种的订货

B．不同订货单位在相同时间的不同品种的订货

C．同一订货单位在不同时间的同一品种的订货

D．同一订货单位在不同时间的不同品种的订货

9、采用简化分批法，在产品完工之前，产品明细账（　　）。

A．不登记任何费用

B．只登记直接材料费用

C．只登记直接材料费用和生产工时

D．只登记间接计入费用

10．在分批法下，每次发出的通知单可以通知制造（　　）产品。

A．一种
B．多种
C．任意种
D．同一时期多种

## 二、多项选择题

1．下列可以采用分批法计算成本的是（　　）。

A．飞机制造
B．船舶制造
C．纺织
D．新产品试制

2．单件小批生产企业要根据企业生产计划部门开出的（　　）方可开始生产。

A．生产通知单
B．开工通知单
C．工作命令单
D．内部订单

3．分批法的生产通知单必须注明的数量可以根据（　　）因素确定。

A．本期计划产量
B．本期完工产量
C．客户订购数量
D．自行规定的数量

4．简化分批法适用范围的应用条件是（　　）。

A．同一月份投产的产品批数很多

B．月末完工产品的批数较少

C．各月间接费用水平相差不多

D．各月生产费用水平相差不多

5．成本计算分批法的特点是（　　）。

A．产品成本计算期与产品生产周期基本一致，成本计算不定期

B．月末无需将生产费用在完工产品与在产品之间进行分配

C．适用于冶金、纺织、造纸企业

D．以成本计算品种法原理为基础

6．食品厂在生产一些时令、节令食品时，可将（　　）与分类法结合。

A．分批法
B．分步法
C．品种法
D．定额法

7．在分批法下，各原始凭证要填明（　　）。

A．生产通知单号
B．产品的批别

C．订单号      D．费用发生地点

8．生产通知单必须（     ）。

A．仅通知制造一批产品      B．指明生产时间

C．指明生产数量      D．指明生产产品的名称、规格

9．适用于分批法的情况有（     ）。

A．新产品试制      B．产品种类经常发生变化的小规模企业

C．承揽修理业务的企业或车间      D．来料加工

10．下列说法正确的有（     ）。

A．分批法一般定期计算产品成本

B．分批法下，成本计算期与产品生产周期基本一致，而与会计报告期不一致

C．分批法下，月末一般不存在完工产品与在产品之间分配费用的问题

D．分批法下，月末不需在完工产品与在产品之间分配生产费用

### 三、判断题

1．相同的产品，由于批别不同，费用也要划分清楚。（     ）

2．采用分批法计算产品成本，只有在该批产品全部完工时才计算成本。（     ）

3．如果一个订单的批量较大，可以将它分为几批组织生产。（     ）

4．分批法是成本计算的基本方法之一。（     ）

5．企业在按客户订单组织产品生产的情况下，应当采用品种法计算产品成本。（     ）

6．分批法也叫订单法，若一份订单有几种产品，则只能以该订单作为成本计算对象。
（     ）

7．以批次作为成本计算对象，制造费用无需分配。（     ）

8．分批法的成本计算期是固定不变的。（     ）

9．在简化分批法中，在各批产品完工之前，产品成本明细账只需按月登记直接费用。
（     ）

10．分批法适用于单件小批生产的企业或车间。（     ）

### 四、业务题

#### 1．练习一般分批法的核算

某企业生产甲、乙、丙三种产品，生产组织属于小批生产，采用分批法计算成本。

（1）2021年9月生产的产品批号有：

802批号：丙产品10台，上月投产，本月完工6台；

901批号：甲产品20台，本月投产，本月完工5台；

902批号：乙产品10台，本月投产，本月全部未完工。

（2）802 批号月初在产品成本：直接材料 1 200 元，直接人工 1 060 元，制造费用 2 040 元。

（3）本月份各批号生产费用如下：

802 批号：直接材料 3 360 元，直接人工 2 350 元，制造费用 2 800 元；

901 批号：直接材料 2 680 元，直接人工 2 450 元，制造费用 3 020 元；

902 批号：直接材料 4 600 元，直接人工 3 050 元，制造费用 1 980 元。

802 批号丙产品完工数量较大，原材料已全部投入，在产品完工程度 50%，生产费用在完工产品与在产品之间采用约当产量法分配。

901 批号甲产品完工数量少，完工产品按计划成本结转。每台产品计划单位成本：直接材料 190 元，直接人工 180 元，制造费用 250 元。

902 批号乙产品由于全部未完工，本月生产费用全部是在产品成本。

**要求：** 根据上述资料，计算并填制产品成本计算单（表 9-1～表 9-3），采用分批法计算各批产品的完工产品成本和月末在产品成本。

表 9-1　产品成本计算单

产品批号及名称：802 批号丙产品　　　　　投产日期：2021 年 8 月

批量：10 台　　　　　　　　　完工日期：　　　　　　　　　　单位：元

| 摘　　要 | 直接材料 | 直接人工 | 制造费用 | 合　　计 |
|---|---|---|---|---|
| 月初在产品成本 | | | | |
| 本月生产费用 | | | | |
| 费用合计 | | | | |
| 完工产品产量/台 | | | | |
| 在产品约当产量/台 | | | | |
| 产量合计/台 | | | | |
| 单位成本 | | | | |
| 完工产品成本 | | | | |
| 月末在产品成本 | | | | |

表 9-2　产品成本计算单

产品批号及名称：901 批号甲产品　　　　　投产日期：2021 年 9 月

批量：20 台　　　　　　　　　完工日期：　　　　　　　　　　单位：元

| 摘　　要 | 直接材料 | 直接人工 | 制造费用 | 合　　计 |
|---|---|---|---|---|
| 本月生产费用 | | | | |
| 计划单位成本 | | | | |
| 完工产品成本 | | | | |
| 月末在产品成本 | | | | |

表 9-3　产品成本计算单

产品批号及名称：902 批号乙产品　　　　投产日期：2021 年 9 月

批量：10 台　　　　　　　　完工日期：　　　　　　　　单位：元

| 摘　要 | 直接材料 | 直接人工 | 制造费用 | 合　计 |
|---|---|---|---|---|
| 本月生产费用 |  |  |  |  |
| 月末在产品成本 |  |  |  |  |

### 2. 练习简化分批法的核算

某制造企业属于小批生产企业，产品批次多，为了简化核算，采用简化分批法计算产品成本。

（1）该厂 2021 年 6 月产品批号有：

401 批号：A 产品 16 件，4 月投产，本月完工；

502 批号：B 产品 30 件，5 月份投产，本月完工 20 件，该批产品原材料在生产开始时一次投入，本月末在产品定额工时为 11 000 小时；

601 批号：D 产品 25 件，6 月份投产，尚未完工。

（2）月初在产品成本。5 月末累计生产费用为 837 000 元，其中直接材料 525 000 元（401 批号 A 产品 300 000 元，502 批号 B 产品 225 000 元），直接人工 131 000 元，制造费用 181 000 元。累计生产工时 71 000 小时，其中 401 批号 A 产品 48 900 小时，502 批号 B 产品 22 100 小时。

（3）本月发生生产费用。本月发生直接材料 275 000 元，全部为 601 批号 D 产品所耗用，本月发生直接人工 158 000 元，制造费用 210 000 元；本月实际生产工时为 99 000 小时，其中 401 批号 A 产品 29 100 小时，502 批号 B 产品 28 900 小时，603 批号 D 产品 41 000 小时。

**要求**：根据上述资料，登记基本生产成本二级账（见表 9-4），计算并填制产品成本计算单（见表 9-5～表 9-7），并计算完工产品成本。

表 9-4　基本生产成本二级账

2021 年 6 月

| 2021 年 | | 凭证字号 | 摘　要 | 直接材料 | 直接人工 | 制造费用 | 合计 | 工时 |
|---|---|---|---|---|---|---|---|---|
| 月 | 日 | | | | | | | |
|  |  |  | 月初在产品成本 |  |  |  |  |  |
|  |  |  | 本月生产费用 |  |  |  |  |  |
|  |  |  | 累　计 |  |  |  |  |  |
|  |  |  | 累计间接计入费用分配率 |  |  |  |  |  |
|  |  |  | 完工产品成本 |  |  |  |  |  |
|  |  |  | 月末在产品成本 |  |  |  |  |  |

表9-5　产品成本计算单

产品批号及名称：401批号A产品　　投产日期：

批量：　件　　　　完工日期：　　　　完工数量：　　　　单位：元

| 摘　要 | 直接材料 | 直接人工 | 制造费用 | 合　计 | 工　时 |
|---|---|---|---|---|---|
| 月初在产品成本 | | | | | |
| 本月生产费用 | | | | | |
| 累计 | | | | | |
| 累计间接计入费用分配率 | | | | | |
| 完工产品成本 | | | | | |
| 单位成本 | | | | | |

表9-6　产品成本计算单

产品批号及名称：502批号B产品　　投产日期：

批量：　件　　　　完工日期：　　　　完工数量：　　　　单位：元

| 摘　要 | 直接材料 | 直接人工 | 制造费用 | 合　计 | 工　时 |
|---|---|---|---|---|---|
| 月初在产品成本 | | | | | |
| 本月生产费用 | | | | | |
| 累计 | | | | | |
| 累计间接计入费用分配率 | | | | | |
| 完工产品成本 | | | | | |
| 单位成本 | | | | | |
| 月末在产品成本 | | | | | |

表9-7　产品成本计算单

产品批号及名称：601批号D产品　　投产日期：

批量：　件　　　　完工日期：　　　　完工数量：　　　　单位：元

| 摘　要 | 直接材料 | 直接人工 | 制造费用 | 合　计 | 工　时 |
|---|---|---|---|---|---|
| 本月生产费用 | | | | | |

参考答案

# 项目十　分步法的运用

## 一、单项选择题

1. 分步法适用于（　　　）。

A. 单步骤生产

B. 多步骤生产

C. 在管理上不要求分步计算成本的多步骤生产

D. 在管理上要求按步骤计算成本的大量大批多步骤生产

2. 分步法的成本计算期是（　　　）。

A. 会计核算期　　　　　　　　B. 季度

C. 年度　　　　　　　　　　　D. 产品的生产周期

3. 逐步结转分步法是（　　　）。

A. 分车间计算产品成本的方法

B. 分产品批别计算产品成本的方法

C. 计算产品成本中各步骤"份额"的方法

D. 按照生产步骤计算各步骤半成品和最后步骤产成品成本的方法

4. 在分步法中，各步骤半成品成本随半成品实物转移而结转的成本结转方式是（　　　）。

A. 逐步结转　　　　　　　　　B. 平行结转

C. 综合结转　　　　　　　　　D. 分项结转

5. 采用逐步结转分步法时，完工产品与在产品之间分配费用，是在（　　　）之间进行。

A. 完工半成品与月末加工中的在产品

B. 前面步骤的完工半成品与加工中的在产品，最后步骤的产成品与加工中的在产品

C. 产成品与月末在产品

D. 产成品与广义在产品

6. 逐步结转分步法中在产品的含义是指（　　　）。

A. 自制半成品

B. 半成品和产成品

C. 狭义在产品

D. 广义在产品

7. 需要进行成本还原的成本计算方法是（    ）。

A. 逐步结转分步法            B. 平行结转分步法

C. 综合结转分步法            D. 分项结转分步法

8. 某产品由四个生产步骤组成，采用逐步结转分步法计算产品成本，需要进行成本还原的次数是（    ）。

A. 5次        B. 4次        C. 3次        D. 2次

9. 成本还原分配率是用本月产成品所耗上一步骤半成品费用除以（    ）。

A. 本月所产该种半成品成本合计

B. 上月所产该种半成品成本合计

C. 本月所产该种半成品各成本项目

D. 本月所产该种半成品各成本项目

10. 成本还原的对象是（    ）。

A. 产成品成本

B. 半成品成本

C. 各步骤所耗上一步骤半成品的综合成本

D. 上步骤结转来的生产费用

11. 在半成品具有独立的经济意义，管理上要求计算各步骤完工产品所耗半成品费用但不要求进行成本还原的情况下，可采用（    ）。

A. 综合结转法            B. 分项结转法

C. 按计划成本结转法       D. 平行结转法

12. 管理上不要求计算各步骤完工半成品所耗半成品费用和本步骤加工费用，而要求按原始成本项目计算产品成本的企业，采用分步法计算成本时，应采用（    ）。

A. 综合结转法            B. 分项结转法

C. 按计划成本结转法       D. 平行结转法

13. 平行结转分步法各步骤的费用（    ）。

A. 包括本步骤的费用和上一步骤转入的费用两部分

B. 只包括本步骤的费用，不包括上一步骤转入的费用

C. 第一步骤包括本步骤的费用，其余各步骤均包括上一步骤转入的费用

D. 最后步骤包括本步骤的费用，其余各步骤包括上一步骤转入的费用

14. 采用平行结转分步法计算产品成本时（    ）。

A. 不能提供所有步骤半成品的成本资料

B. 只能提供第二步骤半成品成本资料

C. 只能提供第一步骤半成品成本资料

D. 只能提供最后步骤半成品成本资料

15. 平行结转分步法中在产品的含义是指（　　）。

A．本步骤在制品 　　　　　　　B．最终产成品

C．狭义在产品 　　　　　　　D．广义在产品

## 二、多项选择题

1. 下列生产适合采用分步法计算成本的是（　　）。

A．冶金 　　　　B．纺织 　　　　C．造纸 　　　　D．化工

2. 下列关于分步法的说法正确的是（　　）。

A．成本计算每月末进行

B．月末一般存在在产品

C．需要计算分配月末在产品和完工产品的成本

D．成本计算对象是各种产品及其各步骤的成本

3. 采用逐步结转分步法需要提供各个步骤半成品成本资料的原因是（　　）。

A．各生产步骤的半成品既可以自用，也可以对外销售

B．半成品需要进行同行业的评比

C．一些半成品为几种产品所耗用

D．适应实行厂内经济核算或责任会计的需要

4. 采用综合逐步结转分步法时，按照结转的半成品成本在下一步骤产成品成本明细账中的反映方式，可分为（　　）。

A．综合结转法 　　　　　　　B．实际成本结转法

C．计划成本结转法 　　　　　　　D．分项结转法

5. 下列特点属于综合逐步结转分步法的是（　　）。

A．各步骤的费用合计既包括本步骤发生的，也包括上一步骤转入的

B．各步骤的费用合计只包括本步骤发生的，不包括上一步骤转入的

C．计算成本时使用的是狭义在产品

D．不能直接提供按原始成本项目反映的产品成本构成

6. 采用逐步结转分步法（综合结转）时，还原前产成品成本的构成是（　　）。

A．大部分费用是最后步骤耗用的半成品的费用

B．大部分费用是最后步骤的其他费用

C．直接人工和制造费用仅是最后步骤的费用

D．直接人工和制造费用是所有生产步骤费用的总和

7. 在平行结转分步法下，第二生产步骤的在产品包括（　　）。

A．第一生产步骤正在加工的在产品

B．第二生产步骤正在加工的在产品

C．第二生产步骤完工入库的半成品

D．第三步骤正在加工的在产品

8．平行结转分步法适用于（　　　）。

A．半成品种类较多的企业

B．单步骤生产企业

C．计算和结转半成品成本工作量大的企业

D．管理上不要求提供各步骤半成品成本资料的企业

9．采用平行结转分步法计算成本，各生产步骤的月末在产品成本包括（　　　）。

A．本步骤月初在产品成本

B．本步骤月末在产品成本

C．已转入以后步骤但尚未完工的半成品成本

D．已转入半成品库的半成品成本

10．综合结转分步法的缺点有（　　　）。

A．下一步骤的产品成本只有在上一步产品成本计算完毕并结转后才能计算，影响成本核算的及时性

B．下一步骤产品成本受上一步骤产品成本水平的影响

C．需要进行复杂的成本还原

D．能提供各步骤完工半成品的成本信息，全面反映各步骤生产耗费水平

11．综合结转分步法的优点有（　　　）。

A．能提供各步骤完工半成品的成本信息，全面反映各步骤生产耗费水平

B．各步骤可以同时计算产品成本

C．半成品的成本结转同实物转移一致，有利于考核生产资金占用情况

D．可以直接正确地提供按原始成本项目反映的企业产品成本资料

12．分项结转分步法的缺点是（　　　）。

A．不能提供按原始成本项目反映的成本资料

B．需要进行成本还原

C．不便于加强各生产步骤的成本管理

D．成本结转工作比较复杂

13．逐步结转分步法中的分项结转法的优点是（　　　）。

A．可以直接正确地提供按原始成本项目反映的企业产品成本资料

B．各步骤可以同时进行成本计算

C．各步骤不必逐步结转半成品成本

D．便于从整个企业的角度考核和分析产品成本计划的执行情况，不需进行成本还原

14．采用平行结转分步法计算产品成本时，其主要优点在于（　　　）。

A．各步骤可以同时计算产品成本

B．能够提供各个步骤的半成品成本资料

C．能够直接提供按原始成本项目反映的产品成本资料，不必进行成本还原

D．能为各生产步骤在产品的实物管理和资金管理提供资料

15．平行结转分步法的主要缺点有（　　　）。

A．不能提供半成品成本资料及各步骤耗用上一步骤半成品费用资料

B．不能全面反映各步骤生产耗费的水平，不利于各步骤的成本管理

C．各步骤不计算、不结转半成品成本，不能为在产品的实物管理和资金管理提供资料

D．不能提供按原始成本项目反映的产品成本资料，不必进行成本还原

### 三、判断题

1．产品成本计算的分步法，是按照产品的生产步骤归集生产费用、计算产品成本，它主要适用于大量大批单步骤生产。（　　　）

2．分步法的成本计算对象是各种产品的生产步骤和产品品种。（　　　）

3．在分步法下，如果生产多种产品，产品成本明细账应该按照每种产品的各个步骤开立。（　　　）

4．由于各个企业生产工艺过程的特点和成本管理对各步骤成本资料的要求不同，分步法可分为综合结转分步法和平行结转分步法两种。（　　　）

5．逐步结转分步法是为了计算半成品成本而采用的一种分步法，因此也称其为计算半成品成本分步法。（　　　）

6．在分步法下，如果半成品完工后，通过半成品仓库收发，则应编制结转半成品成本的会计分录。（　　　）

7．逐步结转分步法实际上就是品种法的多次连续应用。（　　　）

8．成本还原的对象是产成品成本。（　　　）

9．不论是综合结转还是分项结转，半成品成本都随着半成品实物的转移而结转。（　　　）

10．采用平行结转分步法，各生产步骤不计算半成品成本。（　　　）

11．成本还原，一般是按本月所产半成品的成本结构进行还原。（　　　）

12．逐步结转分步法只适宜半成品品种不多、逐步结转半成品成本的工作量不是很大、管理上又要求计算半成品成本的企业。（　　　）

13．采用平行结转分步法，半成品成本不随半成品实物转移而结转。（　　　）

14．在平行结转分步法下，在产品是指尚在本步骤加工中的在产品及本步骤已完工转入半成品仓库的半成品。（　　　）

15．采用平行结转分步法，如果是按半成品成本综合结转，也需要进行成本还原。（　　　）

16．平行结转分步法一般只适宜半成品种类较多、逐步结转半成品成本的工作量较大、管理上又不要求计算半成品成本的企业。（　　　）

## 四、业务题

### 1. 练习综合逐步结转分步法

某厂 2021 年 9 月大量生产甲产品，经过三个生产步骤连续加工而成。原材料在生产开始时一次投入，其他费用陆续发生，各车间在产品加工程度为 50%。第一车间完工的甲 A 半成品直接交第二车间继续加工，第二车间完工的甲 B 半成品要先入半成品仓库，然后再从半成品仓库领出，在第三车间继续加工。该企业采用综合逐步结转分步法计算产品成本，半成品成本要求按实际成本综合结转。甲产品产量记录和有关费用资料如表 10-1 和表 10-2 表所示。

表 10-1　甲产品产量记录

单位：件

| 项　　目 | 一车间 | 二车间 | 半成品库 | 三车间 | 产成品库 |
|---|---|---|---|---|---|
| 月初在产品 | 50 | 20 | 50 | 70 | |
| 本月投入或上步转入 | 300 | 250 | 200 | 200 | |
| 本月完工 | 250 | 200 | 200 | 250 | 250 |
| 月末在产品 | 100 | 70 | 50 | 20 | |

表 10-2　生产费用资料

单位：元

| 摘　　要 | 车　间 | 直接材料 | 半成品 | 直接人工 | 制造费用 | 合　计 |
|---|---|---|---|---|---|---|
| 月初在产品成本 | 一车间 | 4 500 | | 550 | 950 | 6 000 |
| 月初在产品成本 | 二车间 | | 3 000 | 480 | 520 | 4 000 |
| | 三车间 | | 18 358 | 3 850 | 3 150 | 25 358 |
| | 自制半成品库 | | | | | 13 115 |
| 本月发生费用 | 一车间 | 27 000 | | 6 050 | 10 450 | 43 500 |
| | 二车间 | | | 10 800 | 11 700 | 22 500 |
| | 三车间 | | | 24 750 | 20 250 | 45 000 |

注：在产品完工程度均为 50%，月初在产品成本据上月成本计算单所得，本月发生费用据本月各种费用分配表所得。

**要求：** 采用综合逐步结转法计算产成品成本：

（1）填制各生产步骤产品成本计算单（见表 10-3、表 10-4 和表 10-6），登记自制半成品明细账（见表 10-5）。

（2）编制第一、第二步骤半成品成本和第三步骤产成品成本结转的会计分录。

表 10-3  第一车间产品成本计算单

产品：　　　　　　　　　　　　　　　　　　　　　　完工数量：　　　件　　　　　单位：元

| 摘　　要 | 直接材料 | 直接人工 | 制造费用 | 合　　计 |
|---|---|---|---|---|
| 月初在产品成本 | | | | |
| 本月生产费用 | | | | |
| 生产费用合计 | | | | |
| 完工半成品数量/件 | | | | |
| 月末在产品数量/件 | | | | |
| 约当产量合计/件 | | | | |
| 分配率（即单位成本） | | | | |
| 完工半成品成本 | | | | |
| 月末在产品成本 | | | | |

会计分录：

表 10-4  第二车间产品成本计算单

产品：　　　　　　　　　　　　　　　　　　　　　　完工数量：　　　件　　　单位：元

| 摘　　要 | 半成品 | 直接人工 | 制造费用 | 合　　计 |
|---|---|---|---|---|
| 月初在产品成本 | | | | |
| 本月生产费用 | | | | |
| 生产费用合计 | | | | |
| 完工半成品数量/件 | | | | |
| 月末在产品数量/件 | | | | |
| 约当产量合计/件 | | | | |
| 分配率（即单位成本） | | | | |
| 完工半成品成本 | | | | |
| 月末在产品成本 | | | | |

表 10-5　自制半成品明细账

产品：　　　　　　　　　　　　　　　　　　　　　　　　　　　　　　　　　　　　　　　　单位：元

| 年 | | 摘要 | 收　入 | | | 发　出 | | | 结　存 | | |
|---|---|---|---|---|---|---|---|---|---|---|---|
| 月 | 日 | | 数量/件 | 单位成本 | 金额 | 数量/件 | 单位成本 | 金额 | 数量/件 | 单位成本 | 金额 |
| | | 月初结存 | | | | | | | | | |
| | | | | | | | | | | | |
| | | | | | | | | | | | |

会计分录：

表 10-6　第三车间产品成本计算单

产品：　　　　　　　　　　　　　　　　　　　　　　　　　　　完工数量：　　　件　　单位：元

| 摘　要 | 半 成 品 | 直接人工 | 制造费用 | 合　计 |
|---|---|---|---|---|
| 月初在产品成本 | | | | |
| 本月生产费用 | | | | |
| 生产费用合计 | | | | |
| 完工产品数量/件 | | | | |
| 月末在产品数量/件 | | | | |
| 约当产量合计/件 | | | | |
| 分配率（即单位成本） | | | | |
| 完工产品成本 | | | | |
| 月末在产品成本 | | | | |

会计分录：

## 2. 练习综合逐步结转分步法下成本还原

根据上题计算资料和计算结果，采用两种方法进行成本还原。

**要求：**

（1）采用成本结构还原法还原成本，填写表 10-7。

（2）采用成本还原率还原法还原成本，填写表 10-8。

表 10-7 产品成本还原计算表（成本结构还原法）

单位：

| 行次 | 项　目 | 甲 B 半成品 | 甲 A 半成品 | 直接材料 | 直接人工 | 制造费用 | 合　计 |
|---|---|---|---|---|---|---|---|
| 1 | 还原前产品成本 | | | | | | |
| 2 | 第二车间半成品成本 | | | | | | |
| 3 | 第二车间半成品成本构成比重 | | | | | | |
| 4 | 第一次成本还原 | | | | | | |
| 5 | 第一车间半成品成本 | | | | | | |
| 6 | 第一车间半成品成本构成比重 | | | | | | |
| 7 | 第二次成本还原 | | | | | | |
| 8 | 还原后产成品成本 | | | | | | |
| 9 | 产成品单位成本 | | | | | | |

表 10-8 产品成本还原计算表（成本还原率还原法）

单位：

| 行次 | 项　目 | 还原率 | 甲 B 半成品 | 甲 A 半成品 | 直接材料 | 直接人工 | 制造费用 | 合　计 |
|---|---|---|---|---|---|---|---|---|
| 1 | 还原前产品成本 | | | | | | | |
| 2 | 第二车间半成品成本 | | | | | | | |
| 3 | 第一次成本还原 | | | | | | | |
| 4 | 第一车间半成品成本 | | | | | | | |
| 5 | 第二次成本还原 | | | | | | | |
| 6 | 还原后产成品总成本 | | | | | | | |
| 7 | 还原后产成品单位成本 | | | | | | | |

### 3. 练习分项逐步结转分步法

根据本项目业务题 1 的计算资料和计算结果，现假设第二车间月初自制半成品成本 4 000 元包括上步骤转入的直接材料 1 800 元，直接人工 440 元、制造费用 760 元；第三车间月初自制半成品成本 18 358 元包括从上步骤转入的直接材料 6 540 元，直接人工 5 278 元，制造费用 6 540 元；自制半成品期初余额 13 115 元包括从上步骤转入的直接材料 4 807.50 元，直接人工 3 500 元、制造费用 4 807.50 元。

**要求：**采用分项逐步结转法计算产成品成本。

（1）填制各生产步骤产品成本计算单（见表 10-9、表 10-10 和表 10-12），登记自制半成品明细账（见表 10-11），填制完工产品成本汇总表（见表 10-13）。

（2）编制第一、第二步骤半成品成本和第三步骤产成品成本结转的会计分录。

表 10-9　第一车间产品成本计算单

产品：　　　　　　　　　　　　　　　　　　　　完工数量：　　　件　　单位：元

| 摘　　要 | 直接材料 | 直接人工 | 制造费用 | 合　　计 |
|---|---|---|---|---|
| 月初在产品成本 | | | | |
| 本月生产费用 | | | | |
| 生产费用合计 | | | | |
| 完工半成品产量/件 | | | | |
| 月末在产品约当产量/件 | | | | |
| 约当产量合计/件 | | | | |
| 分配率（即单位成本） | | | | |
| 完工半成品成本 | | | | |
| 月末在产品成本 | | | | |

会计分录：

表 10-10　第二车间产品成本计算单

产品：　　　　　　　　　　　　　　　　完工数量：　　件　　单位：元

| 摘　要 | 直接材料 | | 直接人工 | | 制造费用 | | 合　计 |
|---|---|---|---|---|---|---|---|
| | 上步转入 | 本步发生 | 上步转入 | 本步发生 | 上步转入 | 本步发生 | |
| 月初在产品成本 | | | | | | | |
| 本月生产费用 | | | | | | | |
| 生产费用合计 | | | | | | | |
| 完工半成品产量/件 | | | | | | | |
| 月末在产品约当产量/件 | | | | | | | |
| 约当产量合计/件 | | | | | | | |
| 分配率（单位成本） | | | | | | | |
| 完工半成品成本 | | | | | | | |
| 月末在产品成本 | | | | | | | |

表 10-11　自制半成品明细账（汇总账页）

产品名称：　　　　　　　　　　　　　　　　　　单位：元

| 项　目 | 数量/件 | 实际成本 | | | |
|---|---|---|---|---|---|
| | | 直接材料 | 直接人工 | 制造费用 | 合　计 |
| 月初余额 | | | | | |
| 本月第二车间交库 | | | | | |
| 合计 | | | | | |
| 加权平均单位成本 | | | | | |
| 本月第三车间领用 | | | | | |
| 月末余额 | | | | | |

会计分录：

表 10-12　第三车间产品成本计算单

产品：　　　　　　　　　　　　　　　　　　　　完工数量：　　　件　　　单位：元

| 摘　要 | 直接材料 | | 直接人工 | | 制造费用 | | 合　计 |
|---|---|---|---|---|---|---|---|
| | 上步转入 | 本步发生 | 上步转入 | 本步发生 | 上步转入 | 本步发生 | |
| 月初在产品成本 | | | | | | | |
| 本月生产费用 | | | | | | | |
| 生产费用合计 | | | | | | | |
| 完工产品产量/件 | | | | | | | |
| 月末在产品约当产量/件 | | | | | | | |
| 约当产量合计/件 | | | | | | | |
| 分配率（单位成本） | | | | | | | |
| 完工产品成本 | | | | | | | |
| 月末在产品成本 | | | | | | | |

表 10-13　完工产品成本汇总表

产品名称：　　　　　　　　完工产量：　　　件　　　　　　　　　单位：元

| 项　目 | 直接材料 | 直接人工 | 制造费用 | 合　计 |
|---|---|---|---|---|
| 完工产品总成本 | | | | |
| 完工产品单位成本 | | | | |

会计分录：

### 4.平行结转分步法练习

某企业 2021 年 10 月生产甲产品，经过三个车间连续加工制成，一车间生产 A 半成品，直接转入二车间加工制成 B 半成品， B 半成品直接转入三车间加工成甲产成品。其中，1 件甲产品耗用 1 件 B 半成品，1 件 B 半成品耗用 1 件 A 半成品。原材料于生产开始时一次投入，各车间月末在产品完工率均为 50%。各车间生产费用在完工产品和在产品之间的分配采用约当产量法。

本月各车间有关资料如表 10-14 和表 10-15 所示。

表 10-14　产品产量记录

单位：件

| 项　　目 | 一车间 | 二车间 | 三车间 | 产成品库 |
|---|---|---|---|---|
| 月初在产品 | 80 | 120 | 200 | |
| 本月投入或上步转入 | 800 | 720 | 760 | |
| 本月完工 | 760 | 760 | 800 | 800 |
| 月末在产品 | 120 | 80 | 160 | |

表 10-15　生产费用资料

单位：元

| 摘　　要 | 车　　间 | 直接材料 | 直接人工 | 制造费用 | 合　　计 |
|---|---|---|---|---|---|
| 月初在产品成本 | 一车间 | 4 700 | 760 | 690 | 6 150 |
| | 二车间 | | 550 | 390 | 940 |
| | 三车间 | | 100 | 160 | 260 |
| 本月发生费用 | 一车间 | 14 740 | 3 320 | 2 472 | 20 532 |
| | 二车间 | | 1 550 | 1 110 | 2 660 |
| | 三车间 | | 912 | 1 248 | 2 160 |

**要求：**请采用平行结转分步法计算产成品成本。

（1）填制各步骤月末广义在产品约当产量计算表（见表 10-16）。

（2）填制各步骤产品成本计算单（见表 10-17～表 10-19）及产品成本汇总表（见表 10-20）。

（3）结转完工产品成本并编制会计分录。

表 10-16　月末广义在产品约当产量计算表

单位：件

| 项　　目 | 直接材料 | 直接人工 | 制造费用 |
|---|---|---|---|
| 一车间月末广义在产品约当产量 | | | |
| 二车间月末广义在产品约当产量 | | | |
| 三车间月末广义在产品约当产量 | | | |

表 10-17　第一车间产品成本计算单

产品：　　　　　　　　　　　　　　　完工数量：　　件　　　　　单位：元

| 摘　　要 | 直接材料 | 直接人工 | 制造费用 | 合　　计 |
|---|---|---|---|---|
| 月初在产品成本 | | | | |

| 摘　　要 | 直接材料 | 直接人工 | 制造费用 | 合　　计 |
|---|---|---|---|---|
| 本月生产费用 | | | | |
| 生产费用合计 | | | | |
| 最终产成品产量/件 | | | | |
| 月末广义在产品约当产量/件 | | | | |
| 约当产量合计/件 | | | | |
| 分配率（即单位产成品成本份额） | | | | |
| 应计入产成品成本份额 | | | | |
| 月末在产品成本 | | | | |

表 10-18　第二车间产品成本计算单

产品：　　　　　　　　　　　　　　　　　完工数量：　　件　　　　　　单位：元

| 摘　　要 | 直接人工 | 制造费用 | 合　　计 |
|---|---|---|---|
| 月初在产品成本 | | | |
| 本月生产费用 | | | |
| 生产费用合计 | | | |
| 最终产成品产量/件 | | | |
| 月末广义在产品约当产量/件 | | | |
| 约当产量合计/件 | | | |
| 分配率（即单位产成品成本份额） | | | |
| 应计入产成品成本份额 | | | |
| 月末在产品成本 | | | |

表 10-19　第三车间产品成本计算单

产品：　　　　　　　　　　　　　　　　　完工数量：　　件　　　　　　单位：元

| 摘　　要 | 直接人工 | 制造费用 | 合　　计 |
|---|---|---|---|
| 月初在产品成本 | | | |
| 本月生产费用 | | | |
| 生产费用合计 | | | |
| 最终产成品产量/件 | | | |
| 月末广义在产品约当产量/件 | | | |
| 约当产量合计/件 | | | |
| 分配率（即单位产成品成本份额） | | | |
| 应计入产成品成本份额 | | | |
| 月末在产品成本 | | | |

表 10-20　产品成本汇总计算表

产品名称：甲产品　　　　　　　　年　月　　完工数量：　件　　　　单位：元

| 项　目 | 直接材料 | 直接人工 | 制造费用 | 合　计 |
|---|---|---|---|---|
| 一车间 | | | | |
| 二车间 | | | | |
| 三车间 | | | | |
| 总成本 | | | | |
| 单位成本 | | | | |

结转完工产品成本的会计分录：

参考答案

# 项目十一　　成本报表和成本分析

## 一、单项选择题

1. 成本报表一般是（　　）。

A. 对外报表
B. 对内报表
C. 公开报表
D. 既对内又对外的报表

2. 以下报表不是成本报表的是（　　）。

A. 资产负债表
B. 制造费用明细表
C. 产品生产成本表
D. 管理费用明细表

3. 成本报表的种类、格式和内容由（　　）规定。

A. 会计准则
B. 上级主管部门
C. 财政部门
D. 企业自行

4. 编制成本报表是因为（　　）。

A. 主管部门的要求
B. 投资者的要求
C. 企业内部经营管理的需要
D. 会计准则的要求

5. 成本报表一般按（　　）编制。

A. 月
B. 旬
C. 季
D. 年

## 二、多项选择题

1. 以下属于工业企业成本报表的有（　　）。

A. 产品生产成本表
B. 制造费用明细表
C. 利润表
D. 销售费用明细表

2. 期间费用明细表包括（　　）。

A. 管理费用表
B. 制造费用明细表
C. 财务费用明细表
D. 销售费用明细表

3. 制造费用明细表应反映（　　）。

A. 本年计划数
B. 上年同期实际数
C. 本月实际数
D. 本年累计实际数

4. 企业成本分析的一般方法有（　　）。

A. 比较分析法
B. 比率分析法
C. 因素分析法
D. 定额分析法

5. 全部产品成本计划完成情况的分析可以按（　　）来分析。

A. 产品类别　　　B. 成本项目　　　C. 费用项目　　　D. 产品批次

6. 编制成本报表的要求有（　　）。

A. 数字准确　　　B. 内容完整　　　C. 编制及时　　　D. 格式统一

7. 因素分析法包括（　　）。

A. 连环替代法　　　　　　　B. 实际成本分析法

C. 差额分析法　　　　　　　D. 计划成本分析法

## 三、判断题

1. 成本报表要求对外报送。（　　　）

2. 成本报表的内容和格式必须统一。（　　　）

3. 产品生产成本报表可以按产品类别编制，也可以按成本项目编制。（　　　）

4. 财务费用明细表不属于成本报表。（　　　）

5. 成本报表必须按月定期编制。（　　　）

6. 因素分析法就是连环替代法。（　　　）

参考答案

# 第二部分 方法训练

## 项目十二　品种法训练

### 一、实训目的

通过实训，使学生理解产品成本计算品种法的特点、适用范围，掌握品种法下各种费用的归集和分配方法，掌握账务处理程序，提高成本核算的专业技能。

### 二、模拟企业基本情况

胜利工厂设有一个基本生产车间，大量生产甲、乙两种产品，其生产工艺过程属于单步骤生产；另设机修和供水两个辅助生产车间，为基本生产、管理部门提供服务。材料为生产开始时一次性投入，甲、乙产品共同领用的原材料根据定额费用比例分配，生产工人工资和外购动力费用、制造费用均按工时比例分配，辅助生产费用采用直接分配法，其间接费用直接通过"生产成本——辅助生产成本"账户核算，完工产品和月末在产品成本的分配，采用约当产量法，月末在产品的完工程度为50%。根据企业生产类型和管理要求，采用品种法计算产品成本（分配率保留到小数点后三位，金额取整数）。

### 三、实训任务与要求

1. 根据期初资料开设基本生产成本明细账（成本项目设"直接材料""燃料及动力""直接人工""制造费用"）、辅助生产成本明细账和制造费用明细账并登记期初余额。

2. 根据有关资料编制记账凭证。

3. 根据记账凭证登记辅助生产成本明细账，分配辅助生产费用。

4. 根据记账凭证登记制造费用明细账，分配制造费用。

5. 根据记账凭证登记基本生产成本明细账，填制产品成本计算单，计算产品成本。

6. 总结经验，撰写实训心得体会。

## 四、实训资料

### （一）期初资料和产量资料

期初资料和产量资料见表12-1和表12-2。

**表 12-1　月初在产品成本**

2021 年 5 月　　　　　　　　　　　　　　　　　　　　单位：元

| 产品名称 | 直接材料 | 直接人工 | 制造费用 | 燃料及动力 | 合　计 |
|---|---|---|---|---|---|
| 甲产品 | 15 600 | 800 | 4 000 | 3 400 | 23 800 |
| 乙产品 | 6 300 | 2 000 | 1 499 | 1 200 | 10 999 |

**表 12-2　产量资料统计表**

2021 年 5 月　　　　　　　　　　　　　　　　　　　　单位：件

| 产品名称 | 月初在产品 | 本月投产 | 本月完工 | 月末在产品 |
|---|---|---|---|---|
| 甲 | 100 | 400 | 300 | 200 |
| 乙 | 50 | 550 | 500 | 100 |

### （二）本企业 5 月份发生的有关经济业务

1. 材料费用资料（见表12-3）。

**表 12-3　发料凭证汇总表**

2021 年 5 月　　　　　　　　　　　　　　　　　　　　单位：元

| 领料部门 | 原材料 | 合计 |
|---|---|---|
| 生产直接耗用 | 109 000 | 109 000 |
| 其中：甲产品 | 34 000 | 34 000 |
| 乙产品 | 30 000 | 30 000 |
| 甲、乙产品共同领用 | 45 000 | 45 000 |
| 车间一般耗用 | 5 200 | 5 200 |
| 机修车间 | 15 900 | 15 900 |
| 供水车间 | 1 500 | 1 500 |
| 管理部门耗用 | 1 200 | 1 200 |
| 合　计 | 132 800 | 132 800 |

其中，甲产品定额 18 000 元，乙产品定额 12 000 元，共计 30 000 元。

2. 人工费用资料（见表12-4）。

**表 12-4　工资费用表**

2021 年 5 月　　　　　　　　　　　　　　　　　　　　单位：元

| 费用部门 | 生产工人 | 机修人员 | 供水车间 | 车间管理人员 | 厂部管理人员 | 合　计 |
|---|---|---|---|---|---|---|
| 工资总额 | 28 541 | 4 077 | 2 446 | 6 524 | 7 339 | 48 927 |

### 3. 工时资料（见表 12-5）。

**表 12-5　生产工时统计表**

2021 年 5 月　　　　　　　　　　　　　　　　　　单位：小时

| 产品名称 | 甲产品 | 乙产品 | 合　计 |
|---|---|---|---|
| 生产工时 | 5 200 | 4 800 | 10 000 |

### 4. 外购动力资料（见表 12-6）。

**表 12-6　外购动力费用分配表**

2021 年 5 月

| 费用部门 | | 分配标准 | 分配率 | 金额/元 | 耗用量/度 | （单价 0.60 元）金额/元 |
|---|---|---|---|---|---|---|
| 基本生产车间 | 甲产品 | | | | | |
| | 乙产品 | | | | | |
| | 小计 | | | | 30 000 | |
| 辅助生产车间 | 机修 | | | | 4 500 | |
| | 供水 | | | | 2 000 | |
| 基本生产车间一般耗用 | | | | | 1 500 | |
| 管理部门 | | | | | 500 | |
| 合　计 | | | | | 38 500 | |

### 5. 固定资产折旧资料（见表 12-7）。

**表 12-7　折旧费用计提表**

2021 年 5 月　　　　　　　　　　　　　　　　　　单位：元

| 项　目 | | 金　额 |
|---|---|---|
| 基本生产车间 | | 3 500 |
| 辅助生产车间 | 机修 | 3 000 |
| | 供水 | 1 500 |
| 管理部门 | | 1 200 |
| 合　计 | | 9 200 |

### 6. 其他费用资料（见表 12-8）。

**表 12-8　其他费用表**

2021 年 5 月　　　　　　　　　　　　　　　　　　单位：元

| 车间及部门 | 办公费 | 保险费 | 劳动保护费 | 租赁费 | 合　计 |
|---|---|---|---|---|---|
| 辅助生产车间（机修） | 150 | 500 | 650 | 300 | 1 600 |

| 车间及部门 | 办公费 | 保险费 | 劳动保护费 | 租赁费 | 合　计 |
|---|---|---|---|---|---|
| 辅助生产车间（供水） | 100 | 600 | 500 | 200 | 1 400 |
| 基本生产车间 | 200 | 700 | 900 | 100 | 1 900 |
| 管理部门 | 500 | 400 | 100 | 100 | 1 100 |
| 合　计 | 950 | 2 200 | 2 150 | 700 | 6 000 |

7. 辅助生产车间劳务提供资料（见表 12-9）。

### 表 12-9　辅助生产车间提供的劳务量

2021 年 5 月

| 部　门 | 机修劳务/小时 | 供水/吨 |
|---|---|---|
| 基本生产车间 | 5 000 | 3 000 |
| 机修车间 | | 200 |
| 供水车间 | 100 | |
| 行政管理部门 | 680 | 408 |
| 合　计 | 5 780 | 3 608 |

## 五、实训步骤

### （一）期初建账

期初建账相关表格见表 12-10～表 12-14。

### 表 12-10　基本生产成本明细账

产品名称：甲产品　　　　　　　　　　　　　　　　　　　　　　　单位：元

| 年 | | 凭证 | 摘　要 | 成本项目 | | | | |
|---|---|---|---|---|---|---|---|---|
| 月 | 日 | | | 直接材料 | 直接人工 | 制造费用 | 燃料及动力 | 合　计 |
| | | | | | | | | |
| | | | | | | | | |
| | | | | | | | | |
| | | | | | | | | |
| | | | | | | | | |
| | | | | | | | | |
| | | | | | | | | |
| | | | | | | | | |
| | | | | | | | | |
| | | | | | | | | |

表 12-11　基本生产成本明细账

产品名称：乙产品　　　　　　　　　　　　　　　　　　　　　　　　　　　　　单位：元

| 年 | | 凭证 | 摘　要 | 成本项目 | | | | |
|---|---|---|---|---|---|---|---|---|
| 月 | 日 | | | 直接材料 | 直接人工 | 制造费用 | 燃料动力 | 合　计 |
| | | | | | | | | |
| | | | | | | | | |
| | | | | | | | | |
| | | | | | | | | |
| | | | | | | | | |
| | | | | | | | | |
| | | | | | | | | |
| | | | | | | | | |
| | | | | | | | | |
| | | | | | | | | |
| | | | | | | | | |
| | | | | | | | | |

表 12-12　辅助生产成本明细账

车间名称：机修车间　　　　　　　　　　　　　　　　　　　　　　　　　　　　　单位：元

| 年 | | 凭证字号 | 摘　要 | （　）方　　金额分析 | | | | | |
|---|---|---|---|---|---|---|---|---|---|
| 月 | 日 | | | 机物料消耗 | 职工薪酬 | 水电费 | 折旧费 | 其　他 | 合　计 |
| | | | | | | | | | |
| | | | | | | | | | |
| | | | | | | | | | |
| | | | | | | | | | |
| | | | | | | | | | |
| | | | | | | | | | |
| | | | | | | | | | |
| | | | | | | | | | |
| | | | | | | | | | |
| | | | | | | | | | |

表 12-13　辅助生产成本明细账

车间名称：供水车间　　　　　　　　　　　　　　　　　　　　　　　　　　　　　单位：元

| 年 | | 凭证字号 | 摘　要 | （　　　）方　　　金额分析 | | | | | |
|---|---|---|---|---|---|---|---|---|---|
| 月 | 日 | | | 机物料消耗 | 职工薪酬 | 水电费 | 折旧费 | 其　他 | 合　计 |
| | | | | | | | | | |
| | | | | | | | | | |
| | | | | | | | | | |
| | | | | | | | | | |
| | | | | | | | | | |
| | | | | | | | | | |
| | | | | | | | | | |
| | | | | | | | | | |
| | | | | | | | | | |
| | | | | | | | | | |

表 12-14　制造费用明细账

车间名称：基本生产车间　　　　　　　　　　　　　　　　　　　　　　　　　　　单位：元

| 年 | | 凭证字号 | 摘　要 | （　　　）方　　　金额分析 | | | | | |
|---|---|---|---|---|---|---|---|---|---|
| 月 | 日 | | | 机物料消耗 | 职工薪酬 | 水电费 | 折旧费 | 其　他 | 合　计 |
| | | | | | | | | | |
| | | | | | | | | | |
| | | | | | | | | | |
| | | | | | | | | | |
| | | | | | | | | | |
| | | | | | | | | | |
| | | | | | | | | | |
| | | | | | | | | | |
| | | | | | | | | | |
| | | | | | | | | | |

**（二）业务处理**

1．编制材料费用分配表（见表 12-15）、会计分录，填制记账凭证，并登记有关明细账。

表 12-15　材料费用分配表

2021 年 5 月　　　　　　　　　　　　　　　　　　　单位：元

| 应借账户 | | 共同耗用 | | | 直接领用 | 合　计 |
|---|---|---|---|---|---|---|
| | | 定额费用 | 分配率 | 金额 | | |
| 基本生产成本 | 甲产品 | | | | | |
| | 乙产品 | | | | | |
| | 小计 | | | | | |
| 辅助生产成本 | 机修 | | | | | |
| | 供水 | | | | | |
| 制造费用 | | | | | | |
| 管理费用 | | | | | | |
| 合　计 | | | | | | |

会计分录：

2．编制职工薪酬分配表（见表 12-16）、会计分录，填制记账凭证，并登记有关明细账。

表 12-16　职工薪酬分配表

2021 年 5 月

| 应借账户 | | 工资 | | | 五险一金/元 （39.8%） | 合　计 |
|---|---|---|---|---|---|---|
| | | 生产工时/小时 | 分配率 | 金额/元 | | |
| 基本生产成本 | 甲产品 | | | | | |
| | 乙产品 | | | | | |
| | 小计 | | | | | |
| 辅助生产成本 | 机修 | | | | | |
| | 供水 | | | | | |
| 制造费用 | | | | | | |
| 管理费用 | | | | | | |
| 合　计 | | | | | | |

会计分录：

3．编制外购动力费用分配表（见表 12-17）、会计分录，填制记账凭证，并登记有关明细账。

表 12-17　外购动力费用分配表

2021 年 5 月

| 应借账户 | | 生产工时/小时 | 分配率 | 金额/元 | 耗用量/度 | 单价/元 | 金额/元 |
|---|---|---|---|---|---|---|---|
| 基本生产成本 | 甲产品 | | | | | | |
| | 乙产品 | | | | | | |
| | 小计 | | | | | | |
| 辅助生产成本 | 机修 | | | | | | |
| | 供水 | | | | | | |
| 制造费用 | | | | | | | |
| 管理费用 | | | | | | | |
| 合　计 | | | | | | | |

会计分录：

4．根据固定资产折旧计提表（见表 12-7），填制记账凭证，并登记有关明细账。

5．填制辅助生产费用分配表（见表 12-18），填制记账凭证，并登记有关明细账。

表 12-18　辅助生产费用分配表（直接分配法）

2021 年 5 月　　　　　　　　　　　　　　　　金额单位：元

| 项　　目 | | 机修车间 | | 供水车间 | | 合　　计 |
|---|---|---|---|---|---|---|
| | | 耗用量 | 分配额 | 耗用量 | 分配额 | |
| 待分配辅助生产费用 | | | | | | |
| 供应辅助生产以外的劳务量 | | | | | | |
| 分配率 | | | | | | |
| 生产成本——基本生产成本 | 甲产品 | | | | | |
| | 乙产品 | | | | | |
| 制造费用 | | | | | | |
| 管理费用 | | | | | | |
| 合　　计 | | | | | | |

（分配率保留到小数点后两位，计算结果取整数）

6．根据制造费用明细账（见表 12-14），填制制造费用分配表（见表 12-19），编制会计分录，填制记账凭证，并登记有关明细账。

表 12-19　制造费用分配表（生产工时比例法）

2021 年 5 月

| 产品名称 | 分配标准（生产工时） | 分配率 | 分配金额/元 |
|---|---|---|---|
| 甲产品 | | | |
| 乙产品 | | | |
| 合　　计 | | | |

会计分录：

7. 根据表 12-10、表 12-11 分别填制产品成本计算单（见表 12-20 和表 12-21）、完工产品成本汇总表（见表 12-22），结转完工产品成本并编制会计分录。

表 12-20　产品成本计算单

产品名称：甲产品　　　　　　　　　　　2021 年 5 月　　　　　　　　　　　单位：元

| 项目 | 直接材料 | 直接人工 | 制造费用 | 燃料及动力 | 合　计 |
|---|---|---|---|---|---|
|  |  |  |  |  |  |
|  |  |  |  |  |  |
|  |  |  |  |  |  |
|  |  |  |  |  |  |
|  |  |  |  |  |  |
|  |  |  |  |  |  |
|  |  |  |  |  |  |
|  |  |  |  |  |  |

表 12-21　产品成本计算单

产品名称：乙产品　　　　　　　　　　　2021 年 5 月　　　　　　　　　　　单位：元

| 项目 | 直接材料 | 直接人工 | 制造费用 | 燃料及动力 | 合　计 |
|---|---|---|---|---|---|
|  |  |  |  |  |  |
|  |  |  |  |  |  |
|  |  |  |  |  |  |
|  |  |  |  |  |  |
|  |  |  |  |  |  |
|  |  |  |  |  |  |
|  |  |  |  |  |  |
|  |  |  |  |  |  |
|  |  |  |  |  |  |

表 12-22　完工产品成本汇总表

2021 年 5 月　　　　　　　　　　　　　　　　　单位：元

| 产品名称 | 产　量 | 成　本 | 直接材料 | 直接人工 | 制造费用 | 燃料及动力 | 合　计 |
|---|---|---|---|---|---|---|---|
| 甲产品 | 件 | 总成本 | | | | | |
| | | 单位成本 | | | | | |
| 乙产品 | 件 | 总成本 | | | | | |
| | | 单位成本 | | | | | |

结转完工产品成本的会计分录：

## 六、学生实训总结

参考答案

# 项目十三　　一般分批法训练

## 一、实训目的

通过实训，使学生掌握一般分批法成本核算的基本程序，提高成本核算的实际操作技能。

## 二、模拟企业基本情况

恒达公司是一家机械制造企业，设有一个基本生产车间，2021 年 9 月生产四批产品：801A 产品、802B 产品、901A 产品、902C 产品。采用一般分批法计算成本，直接材料费用按定额消耗量比例分配，人工费用和制造费用按生产工时比例分配。802B 产品的原材料在生产开始时一次投入，月末在产品的完工程度为 50%，生产费用在完工产品和在产品之间按约当产量法分配。901A 产品由于完工数量少，所以按 901A 的计划单位成本计算完工产品成本，901A 产品的计划单位成本为直接材料 400 元、直接人工 1 000 元、制造费用 300 元（计算过程中如果除不尽，则保留两位小数）。

## 三、实训任务与要求

1. 根据期初资料开设基本生产成本明细账、制造费用明细账并登记期初余额。
2. 根据有关资料编制记账凭证。
3. 根据记账凭证登记制造费用明细账，分配制造费用。
4. 根据记账凭证登记基本生产成本明细账，编制成本计算单，计算产品成本。
5. 总结经验，撰写实训心得体会。

## 四、实训资料

### （一）期初资料和产量工时资料

期初资料和产量工时资料见表 13-1～表 13-3。

表 13-1　期初在产品成本

单元：元

| 产品批号 | 直接材料 | 直接人工 | 制造费用 | 合　　计 |
|---|---|---|---|---|
| 801A | 12 800 | 5 200 | 2 680 | 20 680 |
| 802B | 16 800 | 3 200 | 1 692 | 21 692 |

表13-2 本月生产情况表

| 产品批号 | 批量/台 | 投产时间 | 完工情况 |
|---|---|---|---|
| 801A | 20 | 8月18日 | 全部完工 |
| 802B | 20 | 8月26日 | 完工12台 |
| 901A | 10 | 9月10日 | 完工2台 |
| 902C | 10 | 9月20日 | 全部未完工 |

表13-3 本月材料消耗量及工时统计表

| 产品批号 | 材料定额消耗量/千克 | 生产工时/小时 |
|---|---|---|
| 801A | 500 | 1 200 |
| 802B | 200 | 2 000 |
| 901A | 300 | 1 000 |
| 902C | 200 | 1 800 |
| 合　计 | 1 200 | 6 000 |

## （二）本月生产费用

1. 分配原材料费用：根据材料费用分配表（见表13-4）提供的数据将表补充完整（本月802B没有领用材料）。

表13-4 材料费用分配表

2021年9月　　　　　　　　　　　　　　　　　　　单位：元

| 借方科目 | | 直接计入 | 分配计入 | | | 金额合计 |
|---|---|---|---|---|---|---|
| | | | 定额消耗量/千克 | 分配率 | 分配金额 | |
| 生产成本——基本生产成本 | 801A | 11 200 | | | | |
| | 802B | | — | | — | |
| | 901A | 15 800 | | | | |
| | 902C | 10 000 | | | | |
| | 小计 | 37 000 | | | 8 000 | |
| 制造费用 | | 1 100 | | | | |
| 管理费用 | | 890 | | | | |
| 销售费用 | | 350 | | | | |
| 合　计 | | | — | — | | |

2. 分配职工薪酬（将表13-5补充完整，金额取整数）。

表 13-5　职工薪酬分配表

2021 年 9 月　　　　　　　　　　　　　　　　　　　　单位：元

| 借方科目 | | 工资 | | | 五险一金 (39.8%) | 工会经费 (2%) | 合　计 |
|---|---|---|---|---|---|---|---|
| | | 定额工时/小时 | 分配率 | 分配金额 | | | |
| 生产成本—基本生产成本 | 801A | 1 200 | | | | | |
| | 802B | 2 000 | | | | | |
| | 901A | 1 000 | | | | | |
| | 902C | 1 800 | | | | | |
| | 小　计 | 6 000 | | 34 248 | 13 631 | 685 | 48 564 |
| 制造费用 | | | | 6 431 | 2 560 | 129 | 9 120 |
| 管理费用 | | | | 5 226 | 2 080 | 104 | 7 410 |
| 销售费用 | | | | 2 090 | 832 | 42 | 2 964 |
| 合　计 | | — | — | 47 995 | 19 103 | 960 | 68 058 |

3．计提折旧费（见表 13-6）。

表 13-6　固定资产折旧费分配表

2021 年 9 月　　　　　　　　　　　　　　　　　　　　单位：元

| 借方科目 | 金额 |
|---|---|
| 制造费用 | 8 000 |
| 管理费用 | 2 000 |
| 销售费用 | 600 |
| 合　计 | 10 600 |

4．支付办公费和差旅费（见表 13-7）。

表 13-7　办公费和差旅费汇总表

2021 年 9 月　　　　　　　　　　　　　　　　　　　　单位：元

| 借方科目 | 办公费 | 差旅费 | 合　计 |
|---|---|---|---|
| 制造费用 | 200 | 500 | 700 |
| 管理费用 | 500 | 1 000 | 1 500 |
| 销售费用 | 100 | 400 | 500 |
| 合　计 | 800 | 1 900 | 2 700 |

## 五、实训步骤

### （一）期初建账

期初建账相关表格见表 13-8～表 13-12。

**表 13-8 生产成本明细账**

产品批号及名称：801A

单位：元

| 年 | | 凭证字号 | 摘　要 | 直接材料 | 直接人工 | 制造费用 | 合　计 |
|---|---|---|---|---|---|---|---|
| 月 | 日 | | | | | | |
| | | | | | | | |
| | | | | | | | |
| | | | | | | | |
| | | | | | | | |
| | | | | | | | |
| | | | | | | | |
| | | | | | | | |

**表 13-9 生产成本明细账**

产品批号及名称：802B

单位：元

| 年 | | 凭证字号 | 摘　要 | 直接材料 | 直接人工 | 制造费用 | 合　计 |
|---|---|---|---|---|---|---|---|
| 月 | 日 | | | | | | |
| | | | | | | | |
| | | | | | | | |
| | | | | | | | |
| | | | | | | | |
| | | | | | | | |
| | | | | | | | |
| | | | | | | | |
| | | | | | | | |

**表 13-10 生产成本明细账**

产品批号及名称：901A

单位：元

| 年 | | 凭证字号 | 摘　要 | 直接材料 | 直接人工 | 制造费用 | 合　计 |
|---|---|---|---|---|---|---|---|
| 月 | 日 | | | | | | |
| | | | | | | | |
| | | | | | | | |

续表

| 年 | | 凭证字号 | 摘　要 | 直接材料 | 直接人工 | 制造费用 | 合　计 |
|---|---|---|---|---|---|---|---|
| 月 | 日 | | | | | | |
| | | | | | | | |
| | | | | | | | |
| | | | | | | | |
| | | | | | | | |
| | | | | | | | |
| | | | | | | | |
| | | | | | | | |

表 13-11　生产成本明细账

产品批号及名称：902C　　　　　　　　　　　　　　　　　　　　　　　　　　　单位：元

| 年 | | 凭证字号 | 摘　要 | 直接材料 | 直接人工 | 制造费用 | 合　计 |
|---|---|---|---|---|---|---|---|
| 月 | 日 | | | | | | |
| | | | | | | | |
| | | | | | | | |
| | | | | | | | |
| | | | | | | | |
| | | | | | | | |
| | | | | | | | |
| | | | | | | | |

表 13-12　制造费用明细账

车间：基本生产车间　　　　　　　　　　　　　　　　　　　　　　　　　　　　单位：元

| 年 | | 凭证字号 | 摘要 | 借方 | 贷方 | 借或贷 | 余额 | （借）方　　金额分析 | | | | |
|---|---|---|---|---|---|---|---|---|---|---|---|---|
| 月 | 日 | | | | | | | 机物料消耗 | 职工薪酬 | 折旧费 | 办公费 | 差旅费 |
| | | | | | | | | | | | | |
| | | | | | | | | | | | | |
| | | | | | | | | | | | | |
| | | | | | | | | | | | | |
| | | | | | | | | | | | | |
| | | | | | | | | | | | | |
| | | | | | | | | | | | | |
| | | | | | | | | | | | | |

（二）根据上述资料填写相关费用分配表并编制记账凭证

1. 根据材料费用分配表（见表 13-4），填制记账凭证，并登记有关明细账。
2. 根据职工薪酬分配表（见表 13-5），填制记账凭证，并登记有关明细账。
3. 根据固定资产折旧费分配表（见表 13-6），填制记账凭证，并登记有关明细账。
4. 根据办公费和差旅费汇总表（见表 13-7），填制记账凭证，并登记有关明细账。

（三）登记制造费用明细账（见表 13-12），并根据登账结果填制制造费用分配表（见表 13-13）

表 13-13　制造费用分配表

2021 年 9 月

单位：元

| 产品批号 | 生产工时/小时 | 分配率 | 分配金额 |
|---|---|---|---|
| 801A | | | |
| 802B | | | |
| 901A | | | |
| 902C | | | |
| 合　计 | | | |

（四）根据生产成本明细账登记成本计算单（见表 13-14～表 13-17），计算完工产品成本

表 13-14　成本计算单

产品批号及名称：801A　　　　投产日期：2021 年 8 月 18 日

批量：20 台　　　　完工日期：2021 年 9 月 28 日　　　　完工数量：20 台　单位：元

| 项　　目 | 直接材料 | 直接人工 | 制造费用 | 合　　计 |
|---|---|---|---|---|
| 月初在产品成本 | | | | |
| 本月生产费用 | | | | |
| 合　计 | | | | |
| 完工产品成本 | | | | |
| 单位成本 | | | | |

表 13-15  成本计算单

产品批号及名称：802B                投产日期：2021 年 8 月 26 日

批量：20 台                完工日期：2021 年 9 月 22 日                完工数量：12 台    单位：元

| 项    目 | 直接材料 | 直接人工 | 制造费用 | 合    计 |
|---|---|---|---|---|
| 月初在产品成本 | | | | |
| 本月生产费用 | | | | |
| 合    计 | | | | |
| 完工产量/台 | | | | |
| 在产品约当产量/台 | | | | |
| 产量合计/台 | | | | |
| 单位成本 | | | | |
| 完工产品成本 | | | | |
| 月末在产品成本 | | | | |

表 13-16  成本计算单

产品批号及名称：901A                投产日期：2021 年 9 月 10 日

批量：10 台                完工日期：2021 年 9 月 30 日                完工数量：2 台    单位：元

| 项    目 | 直接材料 | 直接人工 | 制造费用 | 合    计 |
|---|---|---|---|---|
| 本月生产费用 | | | | |
| 单位成本 | | | | |
| 完工产品成本 | | | | |
| 月末在产品成本 | | | | |

表 13-17  成本计算单

产品批号及名称：902C                投产日期：2021 年 9 月 20 日

批量：10 台                完工日期：2021 年 10 日 10 日                完工数量：0 台    单位：元

| 项    目 | 直接材料 | 直接人工 | 制造费用 | 合    计 |
|---|---|---|---|---|
| 本月生产费用 | | | | |
| | | | | |
| | | | | |

## （五）结转完工产品成本

1．填制产品成本计算汇总表，见表 13-18。

**表 13-18　产品成本计算汇总表**

2021 年 9 月　　　　　　　　　　　　　　　　　　　　单位：元

| 项　　目 | 801A 产品/台 | | 802B 产品/台 | | 901A 产品/台 | |
|---|---|---|---|---|---|---|
| | 总成本 | 单位成本 | 总成本 | 单位成本 | 总成本 | 单位成本 |
| 直接材料 | | | | | | |
| 直接人工 | | | | | | |
| 制造费用 | | | | | | |
| 合　计 | | | | | | |

审核：　　　　　　　　　　　　　制表：

2．编制结转完工产品成本的会计分录。

# 六、学生实训总结

参考答案

# 项目十四　简化分批法训练

## 一、实训目的

通过实训，使学生掌握简化分批法成本核算的基本程序，提高成本核算的实际操作技能。

## 二、模拟企业基本情况

恒达公司是一家机械制造企业，设有一个基本生产车间，2021 年 9 月生产四批产品：801A 产品、802B 产品、901A 产品、902C 产品。采用简化分批法计算成本，直接材料费用按定额消耗量比例分配， 802B、901A 产品的原材料在生产开始时一次投入，月末在产品的完工程度为 50%，生产费用在完工产品和在产品之间按约当产量法分配（计算过程中如果除不尽，则保留两位小数）。

## 三、实训任务与要求

1．根据期初资料开设基本生产成本二级明细账、基本生产成本明细账（本实训中用成本计算单替代）和制造费用明细账并登记期初余额。
2．根据有关资料编制记账凭证。
3．根据记账凭证登记制造费用明细账，分配结转制造费用。
4．根据记账凭证登记基本生产成本二级明细账，填制成本计算单，计算产品成本。
5．总结经验，撰写实训心得体会。

## 四、实训资料

### （一）期初资料和产量工时资料

本实训项目期初资料和产量工时资料见表 14-1～表 14-3。

表 14-1　期初在产品成本

单位：元

| 产品批号 | 直接材料 | 直接人工 | 制造费用 | 合　计 |
|---|---|---|---|---|
| 801A | 12 800 | | | |
| 802B | 16 800 | | | |
| 合　计 | 29 600 | 8 400 | 4 372 | 42 372 |

表 14-2 生产情况表

| 产品批号 | 批量/台 | 投产时间 | 完工情况 |
|---|---|---|---|
| 801A | 20 | 8 月 18 日 | 全部完工 |
| 802B | 20 | 8 月 26 日 | 完工 12 台 |
| 901A | 10 | 9 月 10 日 | 完工 2 台 |
| 902C | 10 | 9 月 20 日 | 全部未完工 |

表 14-3 材料消耗量及工时统计表

| 产品批号 | 材料定额消耗量/千克 | 期初生产工时/小时 | 本月生产工时/小时 |
|---|---|---|---|
| 801A | 500 | 500 | 1 200 |
| 802B | 200 | 100 | 2 000 |
| 901A | 300 | | 1 000 |
| 902C | 200 | | 1 800 |
| 合　计 | 1 200 | 600 | 6 000 |

## （二）本月生产费用

1. 分配原材料：根据表 14-4 提供的数据将表格补充完整（注：本月 802B 没有领用材料）。

表 14-4 材料费用分配表

单位：元

2021 年 9 月

| 借方科目 | | 直接计入 | 分配计入 | | | 金额合计 |
|---|---|---|---|---|---|---|
| | | | 定额消耗量/千克 | 分配率 | 分配金额 | |
| 生产成本——基本生产成本 | 801A | 11 200 | | | | |
| | 802B | | | | | |
| | 901A | 15 800 | | | | |
| | 902C | 10 000 | | | | |
| | 小计 | 37 000 | | | 8 000 | |
| 制造费用 | | 1 100 | | | | |
| 管理费用 | | 890 | | | | |
| 销售费用 | | 350 | | | | |
| 合　计 | | | | | | |

2. 分配职工薪酬（见表 14-5）。

表 14-5　职工薪酬分配表

2021 年 9 月　　　　　　　　　　　　　　　　　　　　　　　单位：元

| 借方科目 | 金　额 |
|---|---|
| 生产成本——基本生产成本 | 46 860 |
| 制造费用 | 8 800 |
| 管理费用 | 7 150 |
| 销售费用 | 2 860 |
| 合　计 | 65 670 |

3．计提折旧费（见表 14-6）。

表 14-6　折旧费分配表

2021 年 9 月　　　　　　　　　　　　　　　　　　　　　　　单位：元

| 借方科目 | 金　额 |
|---|---|
| 制造费用 | 8 000 |
| 管理费用 | 2 000 |
| 销售费用 | 600 |
| 合　计 | 10 600 |

4．支付办公费和差旅费（见表 14-7）。

表 14-7　办公费和差旅费汇总表

2021 年 9 月　　　　　　　　　　　　　　　　　　　　　　　单位：元

| 借方科目 | 办公费 | 差旅费 | 合　计 |
|---|---|---|---|
| 制造费用 | 200 | 500 | 700 |
| 管理费用 | 500 | 1 000 | 1 500 |
| 销售费用 | 100 | 400 | 500 |
| 合　计 | 800 | 1 900 | 2 700 |

## 五、实训步骤

### （一）期初建账

期初建账相关表格见表 14-8～表 14-13。

表 14-8　基本生产成本二级账

2021 年 9 月　　　　　　　　　　　　　　　　　　　　　　　单位：元

| 2021 年 | | 凭证字号 | 摘　要 | 直接材料 | 直接人工 | 制造费用 | 合　计 | 工　时 |
|---|---|---|---|---|---|---|---|---|
| 月 | 日 | | | | | | | |
| | | | 月初在产品成本 | | | | | |

续表

| 2021年 | | 凭证字号 | 摘　　要 | 直接材料 | 直接人工 | 制造费用 | 合　计 | 工　时 |
|---|---|---|---|---|---|---|---|---|
| 月 | 日 | | | | | | | |
| | | | 本月生产费用 | | | | | |
| | | | 生产费用合计 | | | | | |
| | | | 累计间接费用分配率 | | | | | |
| | | | 完工产品成本 | | | | | |
| | | | 月末在产品成本 | | | | | |

累计间接费用分配率计算过程：

**表 14-9　制造费用明细账**

车间：基本生产车间　　　　　　　　　　　　　　　　　　　　　　　　单位：元

| 年 | | 凭证字号 | 摘要 | 借方 | 贷方 | 借或贷 | 余额 | （借）方　　金额分析 | | | | |
|---|---|---|---|---|---|---|---|---|---|---|---|---|
| 月 | 日 | | | | | | | 材料费 | 职工薪酬 | 折旧费 | 办公费 | 差旅费 |
| | | | | | | | | | | | | |
| | | | | | | | | | | | | |
| | | | | | | | | | | | | |
| | | | | | | | | | | | | |
| | | | | | | | | | | | | |
| | | | | | | | | | | | | |
| | | | | | | | | | | | | |
| | | | | | | | | | | | | |
| | | | | | | | | | | | | |

**表 14-10　产品成本计算单**

产品批号及名称：　　　　　　　　　　投产日期：

批量：　　件　　　　　　　　完工日期：　　　　　　完工数量：　　　　单位：元

| 摘　　要 | 直接材料 | 直接人工 | 制造费用 | 合　计 | 工　时 |
|---|---|---|---|---|---|
| 月初在产品成本 | | | | | |
| 本月生产费用 | | | | | |
| 生产费用合计 | | | | | |
| 累计间接计入费用分配率 | | | | | |
| 完工产品成本 | | | | | |
| 单位成本 | | | | | |

表 14-11　产品成本计算单

产品批号及名称：　　　　　　　　　　　投产日期：

批量：　　件　　　　　　　　　　完工日期：　　　　　　　完工数量：　　　　　　　单位：元

| 摘　　要 | 直接材料 | 直接人工 | 制造费用 | 合　　计 | 工　　时 |
|---|---|---|---|---|---|
| 月初在产品成本 | | | | | |
| 本月生产费用 | | | | | |
| 生产费用合计 | | | | | |
| 累计间接计入费用分配率 | | | | | |
| 完工产品成本 | | | | | |
| 单位成本 | | | | | |
| 月末在产品成本 | | | | | |

表 14-12　产品成本计算单

产品批号及名称：　　　　　　　　　　　投产日期：

批量：　　件　　　　　　　　　　完工日期：　　　　　　　完工数量：　　　　　　　单位：元

| 摘　　要 | 直接材料 | 直接人工 | 制造费用 | 合　　计 | 工　　时 |
|---|---|---|---|---|---|
| 月初在产品成本 | | | | | |
| 本月生产费用 | | | | | |
| 生产费用合计 | | | | | |
| 累计间接计入费用分配率 | | | | | |
| 完工产品成本 | | | | | |
| 单位成本 | | | | | |
| 月末在产品成本 | | | | | |

表 14-13　产品成本计算单

产品批号及名称：　　　　　　　　　　　投产日期：

批量：　　件　　　　　　　　　　完工日期：　　　　　　　完工数量：　　　　　　　单位：元

| 摘　　要 | 直接材料 | 直接人工 | 制造费用 | 合　　计 | 工　　时 |
|---|---|---|---|---|---|
| 本月生产费用 | | | | | |
| | | | | | |

### （二）根据上述资料填写相关费用分配表并编制记账凭证

1．根据材料费用分配表（见表 14-4），填制记账凭证，并登记有关明细账。

2．根据职工薪酬分配表（见表 14-5），填制记账凭证，并登记有关明细账。

3．根据折旧费分配表（见表 14-6），填制记账凭证，并登记有关明细账。

4. 根据办公费和差旅费汇总表（见表14-7），填制记账凭证，并登记有关明细账。

（三）登记制造费用明细账（见表14-9），并根据登账结果分配结转制造费用

（四）根据生产成本明细账登记成本计算单，并编制完工产品成本汇总表（见表14-14），结转完工产品成本，并编制会计分录

表 14-14　完工产品成本汇总表

2021 年 9 月　　　　　　　　　　　　　　　　　　　　　单位：元

| 项　　目 | 801A 产品（　台） | | 802B 产品（　台） | | 901A 产品（　台） | |
|---|---|---|---|---|---|---|
| | 总成本 | 单位成本 | 总成本 | 单位成本 | 总成本 | 单位成本 |
| 直接材料 | | | | | | |
| 直接人工 | | | | | | |
| 制造费用 | | | | | | |
| 合　　计 | | | | | | |

结转完工产品成本的会计分录：

# 六、学生实训总结

参考答案

# 项目十五　逐步结转分步法训练

## 一、实训目的

通过实训，使学生掌握逐步结转（综合结转）分步法成本核算的基本程序，提高成本核算的实际操作能力，培养学生分析判断能力、解决问题的能力。

## 二、模拟企业基本情况

东方机械厂是生产钻床的小型机械加工企业，公司设有供应、销售、生产、财务、人事、行政、后勤等职能管理部门，另设有三个基本生产车间，生产工艺流程为：第一车间为铸造车间，生产铸件毛坯（底座、支座、支架、工作台、主轴箱、皮带轮等毛坯件）；第二车间为加工车间，将第一车间铸件毛坯加工成加工件；第三车间为装配车间，将加工件组装成钻床。钻床的生产过程依次为铸造、加工和装配。该企业产品成本计算采用综合结转分步法，管理上要求分步骤计算半成品成本。原材料在各步骤生产开始时一次性投入，各步骤在产品完工程度均为 50%，半成品在各步骤之间均采用直接流转，不通过半成品仓库收发。另设有两个辅助生产车间：机修车间和供汽车间，为基本生产车间和管理部门提供服务与劳务，辅助生产费用均通过"辅助生产成本账户"核算，不设置辅助生产车间"制造费用"账户，基本生产车间间接费用均通过"制造费用"账户核算，辅助生产费用分配采用直接分配法，完工产品成本与在产品成本的分配采用约当产量比例法（计算过程中如果除不尽，则保留两位小数）。

## 三、实训任务与要求

1. 根据期初资料开设基本生产成本明细账（本实训中用成本计算单替代）、辅助生产成本明细账和制造费用明细账并登记期初余额。
2. 根据有关资料编制记账凭证。
3. 根据记账凭证登记辅助生产成本明细账，分配辅助生产费用。
4. 根据记账凭证登记制造费用明细账，分配制造费用。
5. 根据记账凭证登记基本生产成本明细账，填制成本计算单，计算产品成本。
6. 总结经验，撰写实训心得体会。

## 四、实训资料

### （一）期初资料和产量资料（见表 15-1 和表 15-2）

表 15-1　月初在产品成本

2021 年 3 月　　　　　　　　　　　　　　　　单位：元

| 生产车间 | 半成品 | 直接材料 | 直接人工 | 制造费用 | 合　计 |
|---|---|---|---|---|---|
| 一车间 |  | 5 362 | 982 | 1 340 | 7 684 |
| 二车间 | 1 360 | 3 890 | 1 860 | 1 510 | 8 620 |
| 三车间 | 340 | 6 450 | 932 | 826 | 8 548 |

表 15-2　产量记录及本月半成品实物结转顺序　　　　单位：件

| 生产步骤 | 铸造（一车间） | 加工（二车间） | 装配（三车间） |
|---|---|---|---|
| 月初在产品 | 20 | 30 | 50 |
| 本月投入或上步转入 | 190 | 170 | 190 |
| 本月完工 | 170 | 190 | 200 |
| 月末在产品 | 40 | 10 | 40 |

### （二）本企业 3 月份发生的有关经济业务

1. 根据 3 月份的领料凭证，编制发料凭证汇总表，见表 15-3。

表 15-3　发料凭证汇总表

2021 年 3 月　　　　　　　　　　　　　　　　单位：元

| 部　　门 |  | 原料及主要材料 | 辅助材料 |
|---|---|---|---|
| 一车间 | 生产产品 | 850 000 | 55 000 |
|  | 车间管理 |  | 6 000 |
| 二车间 | 生产产品 |  |  |
|  | 车间管理 |  | 3 000 |
| 三车间 | 生产产品 |  | 100 000 |
|  | 车间管理 |  | 5 000 |
| 机修车间 |  |  | 10 000 |
| 供汽车间 |  |  | 8 000 |
| 厂部管理部门 |  |  | 1200 |
| 合　　计 |  | 850 000 | 188 200 |

2．3 月 31 日，分配本月职工薪酬，见表 15-4。

表 15-4　职工薪酬分配表

2021 年 3 月　　　　　　　　　　　　　　　　　　　　　　单位：元

| 部　　门 | 工　　资 | 金　　额 |
|---|---|---|
| 一车间 | 生产工人工资 | 116 988 |
| | 管理人员工资 | 7 410 |
| 二车间 | 生产工人工资 | 171 000 |
| | 管理人员工资 | 9 804 |
| 三车间 | 生产工人工资 | 136 800 |
| | 管理人员工资 | 12 768 |
| 机修车间 | | 10 260 |
| 供汽车间 | | 6 840 |
| 厂部 | | 18 240 |
| 合　　计 | | 490 110 |

3．3 月 20 日，支付本月电话费 6 000 元，其中：厂部 3 000 元，一车间 450 元，二车间 500 元，三车间 1 050 元，机修车间 600 元，供汽车间 400 元。

4．3 月 31 日，分配各部门用电（电价：1.50 元/度），分配表见表 15-5。

表 15-5　电费分配表

2021 年 3 月　　　　　　　　　　　　　　　　　　　　　　单位：元

| 部　　门 | | 用电量/度 | 单　　价 | 金　　额 |
|---|---|---|---|---|
| 一车间 | 生产产品用电 | 50 000 | | |
| | 管理部门用电 | 10 000 | | |
| 二车间 | 生产产品用电 | 60 000 | | |
| | 管理部门用电 | 4 600 | | |
| 三车间 | 生产产品用电 | 30 000 | | |
| | 管理部门用电 | 5 000 | | |
| 机修车间 | | 16 000 | | |
| 供汽车间 | | 8 000 | | |
| 厂部 | | 6 000 | | |
| 合　　计 | | 189 600 | | |

5．分配各部门用水（水价：1.2 元/立方米），分配表见表 15-6。

表 15-6　水费分配表

2020 年 3 月　　　　　　　　　　　　　　　　　　　　　　单位：元

| 部　　门 | | 用水量/立方米 | 单　　价 | 金　　额 |
|---|---|---|---|---|
| 一车间 | 生产产品用水 | 30 000 | | |
| | 管理部门用水 | 1 000 | | |

| 部　门 | | 用水量/立方米 | 单　价 | 金　额 |
|---|---|---|---|---|
| 二车间 | 生产产品用水 | 45 000 | | |
| | 管理部门用水 | 1 500 | | |
| 三车间 | 生产产品用水 | 28 000 | | |
| | 管理部门用水 | 2 500 | | |
| 机修车间 | | 6 000 | | |
| 供汽车间 | | 30 000 | | |
| 厂部 | | 6 000 | | |
| 合　计 | | 150 000 | | |

6. 3月31日，计提本月固定资产折旧，折旧计算表见表15-7。

**表 15-7　固定资产折旧计算表**

2021 年 3 月　　　　　　　　　　　　　　　　单位：元

| 单位（部门） | 本月应提折旧 |
|---|---|
| 一车间 | 10 000 |
| 二车间 | 30 000 |
| 三车间 | 25 000 |
| 机修车间 | 3 800 |
| 供汽车间 | 3 000 |
| 管理部门 | 15 000 |
| 合　计 | 86 800 |

7. 3月31日，分配本月机修车间、供汽车间辅助生产成本（直接分配法）。本月机修车间、供汽车间提供的劳务量如表15-8和表15-9所示。

**表 15-8　辅助生产车间提供的劳务量**

| 部　门 | 机修劳务/小时 | 供汽劳务/立方米 |
|---|---|---|
| 一车间 | 400 | 20 000 |
| 二车间 | 3 800 | 32 000 |
| 三车间 | 300 | 25 000 |
| 机修车间 | | 5 000 |
| 供汽车间 | 20 | |
| 行政管理部门 | 40 | 10 000 |
| 合　计 | 4 560 | 92 000 |

表 15-9　辅助生产费用分配表

2021 年 3 月　　　　　　　　　　　　　　　　　　　　单位：元

| 项　　目 | | 机修车间 | | 供汽车间 | | 合　　计 |
|---|---|---|---|---|---|---|
| | | 劳务量 | 分配金额 | 劳务量 | 分配金额 | |
| 待分配费用总额/元 | | | | | | |
| 对外提供劳务量 | | | | | | |
| 单位成本（分配率） | | | | | | |
| 生产成本——基本生产成本 | 一车间 | | | | | |
| | 二车间 | | | | | |
| | 三车间 | | | | | |
| 制造费用 | 一车间 | | | | | |
| | 二车间 | | | | | |
| | 三车间 | | | | | |
| 管理费用 | | | | | | |
| 合　计 | | | | | | |

## 五、实训步骤

### （一）期初建账

期初建账相关表格如表 15-10～表 15-17 所示。

表 15-10　产品成本计算单

车间：一车间　　　　　　　　　　　　　　　　　　　单位：元

| 年 | | 摘　　要 | 直接材料 | 直接人工 | 制造费用 | 合　　计 |
|---|---|---|---|---|---|---|
| 月 | 日 | | | | | |
| | | | | | | |
| | | | | | | |
| | | | | | | |
| | | | | | | |
| | | | | | | |
| | | | | | | |
| | | | | | | |
| | | | | | | |
| | | | | | | |
| | | | | | | |

表 15-11  产品成本计算单

车间：二车间 单位：元

| 年 | | 摘　　要 | 半成品 | 直接材料 | 直接人工 | 制造费用 | 合　　计 |
|---|---|---|---|---|---|---|---|
| 月 | 日 | | | | | | |
| | | | | | | | |
| | | | | | | | |
| | | | | | | | |
| | | | | | | | |
| | | | | | | | |
| | | | | | | | |
| | | | | | | | |
| | | | | | | | |
| | | | | | | | |
| | | | | | | | |

表 15-12  产品成本计算单

车间：三车间 单位：元

| 年 | | 摘　　要 | 半成品 | 直接材料 | 直接人工 | 制造费用 | 合　　计 |
|---|---|---|---|---|---|---|---|
| 月 | 日 | | | | | | |
| | | | | | | | |
| | | | | | | | |
| | | | | | | | |
| | | | | | | | |
| | | | | | | | |
| | | | | | | | |
| | | | | | | | |
| | | | | | | | |
| | | | | | | | |
| | | | | | | | |

表 15-13　辅助生产成本明细账

车间：机修车间　　　　　　　　　　　　　　　　　　　　　　　　　单位：元

| 年 | | 摘　要 | 合　计 | 办公费 | 差旅费 | 职工薪酬 | 折旧费 | 机物料消耗 | 低值易耗品摊销 | 水电费 | 其他 |
|---|---|---|---|---|---|---|---|---|---|---|---|
| 月 | 日 | | | | | | | | | | |
| | | | | | | | | | | | |
| | | | | | | | | | | | |
| | | | | | | | | | | | |
| | | | | | | | | | | | |
| | | | | | | | | | | | |
| | | | | | | | | | | | |
| | | | | | | | | | | | |
| | | | | | | | | | | | |

表 15-14　辅助生产成本明细账

车间：供汽车间　　　　　　　　　　　　　　　　　　　　　　　　　单位：元

| 年 | | 摘　要 | 合　计 | 办公费 | 差旅费 | 职工薪酬 | 折旧费 | 机物料消耗 | 低值易耗品摊销 | 水电费 | 其他 |
|---|---|---|---|---|---|---|---|---|---|---|---|
| 月 | 日 | | | | | | | | | | |
| | | | | | | | | | | | |
| | | | | | | | | | | | |
| | | | | | | | | | | | |
| | | | | | | | | | | | |
| | | | | | | | | | | | |
| | | | | | | | | | | | |
| | | | | | | | | | | | |
| | | | | | | | | | | | |

表 15-15　制造费用明细账

车间：一车间　　　　　　　　　　　　　　　　　　　　　　　　　单位：元

| 年 | | 摘　要 | 合　计 | 办公费 | 差旅费 | 职工薪酬 | 折旧费 | 机物料消耗 | 低值易耗品摊销 | 水电费 | 其他 |
|---|---|---|---|---|---|---|---|---|---|---|---|
| 月 | 日 | | | | | | | | | | |
| | | | | | | | | | | | |
| | | | | | | | | | | | |
| | | | | | | | | | | | |
| | | | | | | | | | | | |
| | | | | | | | | | | | |
| | | | | | | | | | | | |
| | | | | | | | | | | | |

续表

| 年 月 | 年 日 | 摘 要 | 合 计 | 办公费 | 差旅费 | 职工薪酬 | 折旧费 | 机物料消耗 | 低值易耗品摊销 | 水电费 | 其他 |
|---|---|---|---|---|---|---|---|---|---|---|---|
|  |  |  |  |  |  |  |  |  |  |  |  |
|  |  |  |  |  |  |  |  |  |  |  |  |

表 15-16　制造费用明细账

车间：二车间　　　　　　　　　　　　　　　　　　　　　　单位：元

| 年 月 | 年 日 | 摘 要 | 合 计 | 办公费 | 差旅费 | 职工薪酬 | 折旧费 | 机物料消耗 | 低值易耗品摊销 | 水电费 | 其他 |
|---|---|---|---|---|---|---|---|---|---|---|---|
|  |  |  |  |  |  |  |  |  |  |  |  |
|  |  |  |  |  |  |  |  |  |  |  |  |
|  |  |  |  |  |  |  |  |  |  |  |  |
|  |  |  |  |  |  |  |  |  |  |  |  |
|  |  |  |  |  |  |  |  |  |  |  |  |
|  |  |  |  |  |  |  |  |  |  |  |  |
|  |  |  |  |  |  |  |  |  |  |  |  |
|  |  |  |  |  |  |  |  |  |  |  |  |
|  |  |  |  |  |  |  |  |  |  |  |  |

表 15-17　制造费用明细账

车间：三车间　　　　　　　　　　　　　　　　　　　　　　单位：元

| 年 月 | 年 日 | 摘 要 | 合 计 | 办公费 | 差旅费 | 职工薪酬 | 折旧费 | 机物料消耗 | 低值易耗品摊销 | 水电费 | 其他 |
|---|---|---|---|---|---|---|---|---|---|---|---|
|  |  |  |  |  |  |  |  |  |  |  |  |
|  |  |  |  |  |  |  |  |  |  |  |  |
|  |  |  |  |  |  |  |  |  |  |  |  |
|  |  |  |  |  |  |  |  |  |  |  |  |
|  |  |  |  |  |  |  |  |  |  |  |  |
|  |  |  |  |  |  |  |  |  |  |  |  |
|  |  |  |  |  |  |  |  |  |  |  |  |
|  |  |  |  |  |  |  |  |  |  |  |  |
|  |  |  |  |  |  |  |  |  |  |  |  |

**（二）业务处理**

1. 根据发料凭证汇总表（见表 15-3），填制记账凭证，并登记有关明细账。

2. 根据职工薪酬分配表（见表 15-4），填制记账凭证，并登记有关明细账。

3．根据本月电话费支付情况，填制记账凭证，并登记有关明细账。

4．根据电费分配表（见表 15-5），填制记账凭证，并登记有关明细账。

5．根据水费分配表（见表 15-6），填制记账凭证，并登记有关明细账。

6．根据固定资产折旧计算表（见表 15-7），填制记账凭证，并登记有关明细账。

7．根据辅助生产费用分配表（见表 15-9），填制记账凭证，并登记有关明细账。

8．登记制造费用明细账，分配、结转第一车间、第二车间和第三车间的制造费用，填制记账凭证，并登记有关明细账。

9．结转第一车间完工半成品成本，填制记账凭证，并登记有关明细账。

10．结转第二车间完工半成品成本，填制记账凭证，并登记有关明细账。

11．结转第三车间完工产品成本，填制记账凭证，并登记有关明细账。

12．进行成本还原，填制成本还原计算表，如表 15-18 所示。

### 表 15-18　成本还原计算表

2021 年 3 月　　　　　　　　　　　　　　　　　　金额单位：元

| 摘　要 | 加工件半成品成本 | 铸件半成品成本 | 直接材料 | 直接人工 | 制造费用 | 还原后成本合计 |
|---|---|---|---|---|---|---|
| 还原前产品成本 | | | | | | |
| 本月完工加工件半成品成本 | | | | | | |
| 加工件各成本项目占完工加工件的成本比重 | | | | | | |
| 加工件各成本还原 | | | | | | |
| 本月完工铸件半成品成本 | | | | | | |
| 铸件各成本项目占完工铸件成本比重 | | | | | | |
| 铸件各成本还原 | | | | | | |
| 还原后钻床成本构成 | | | | | | |
| 还原后钻床单位成本 | | | | | | |

## 六、学生实训总结

参考答案

# 项目十六　　平行结转分步法训练

## 一、实训目的

通过实训，使学生掌握平行结转分步法成本核算的基本程序，提高成本核算的实际操作能力，培养学生的专业技能。

## 二、模拟企业基本情况

湘华机械厂是一家生产电机的中型企业，主要生产 CZ—16、CZ—18 电机，该厂有初加工（一车间）、精加工（二车间）和装配（三车间）三个基本生产车间，其加工过程为初加工、精加工、装配三个过程。另设有一个辅助生产车间：机修车间，为基本生产车间和管理部门提供服务与劳务，辅助生产间接费用通过"辅助生产成本账户"核算，不设置辅助生产车间"制造费用"账户，基本生产车间间接费用均通过"制造费用"账户核算。原材料在生产开始时一次投入，各工序的在产品完工程度为50%，基本车间生产工人工资、制造费用均按工时比例法分配，辅助生产费用按提供的劳务量直接分配。完工产品与在产品成本按约当产量法分配。该企业产品成本计算采用平行结转分步法，管理上不要求分步骤计算半成品成本（计算过程中如果除不尽，则保留两位小数）。

## 三、实训任务与要求

1. 根据期初资料开设基本生产成本明细账（本实训中用成本计算单替代）、辅助生产成本明细账和制造费用明细账并登记期初余额。

2. 归集、分配要素费用。

3. 归集、分配辅助生产费用。

4. 归集、分配制造费用。

5. 填制成本计算单，进行成本计算，结转完工产品成本。

6. 总结经验，撰写实训心得体会。

## 四、实训资料

### （一）期初在产品成本、产品产量及生产工时记录资料（见表16-1～表16-3）

表16-1　月初在产品成本表　　　　　　　　　　　单位：元

| 生产车间 | 直接材料 | | 直接人工 | | 制造费用 | |
|---|---|---|---|---|---|---|
| | CZ—16 | CZ—18 | CZ—16 | CZ—18 | CZ—16 | CZ—18 |
| 一车间（初加工） | 5 240 | 6 860 | 681 | 1 027 | 1 680 | 1 638 |
| 二车间（精加工） | 3 720 | 4 682 | 139 | 2 069 | 1 798 | 1 980 |
| 三车间（装配） | 5 326 | 8 028 | 793 | 1 092 | 980 | 890 |

表16-2　产品产量记录表

2021年9月　　　　　　　　　　　单位：台

| 项　目 | 一车间 | | 二车间 | | 三车间 | |
|---|---|---|---|---|---|---|
| | CZ—16 | CZ—18 | CZ—16 | CZ—18 | CZ—16 | CZ—18 |
| 月初在产品 | 50 | 60 | 55 | 75 | 90 | 100 |
| 本月投产 | 390 | 400 | 380 | 390 | 398 | 400 |
| 当月完工 | 380 | 390 | 398 | 400 | 420 | 450 |
| 月末在产品 | 60 | 70 | 37 | 65 | 68 | 50 |

表16-3　产品生产工时记录表

2021年9月　　　　　　　　　　　单位：小时

| 生产车间 | CZ—16 | CZ—18 |
|---|---|---|
| 一车间 | 1 600 | 1 500 |
| 二车间 | 1 400 | 900 |
| 三车间 | 1 000 | 2 600 |

### （二）本企业2021年9月份发生的有关经济业务

1. 根据9月份的领料凭证汇总表（见表16-4），填制材料费用分配表（见表16-5）。

表16-4　领料凭证汇总表

2021年9月　　　　　　　　　　　单位：元

| 领料单位及用途 | | 原材料 | 燃料 |
|---|---|---|---|
| 一车间 | CZ—16电机 | 62 000 | |
| | CZ—18电机 | 82 000 | |
| | 车间一般耗用 | 5 000 | 3 000 |

续表

| 领料单位及用途 | | 原 材 料 | 燃 料 |
|---|---|---|---|
| 二车间 | CZ—16 电机 | 45 000 | |
| | CZ—18 电机 | 36 000 | |
| | 车间一般耗用 | 5 400 | 2 000 |
| 三车间 | CZ—16 电机 | 38 000 | |
| | CZ—18 电机 | 48 000 | |
| | 车间一般耗用 | 6 800 | 1 500 |
| 厂部 | | 3 400 | 1 000 |
| 供电车间 | | 5 000 | 21 000 |
| 机修车间 | | 35 000 | 8 000 |
| 合 计 | | 371 600 | 36 500 |

表 16-5 材料费用分配表

年 月 日

单位：元

| 应借科目 | | | 直接计入 | 分配计入 | | | 合 计 |
|---|---|---|---|---|---|---|---|
| 总账科目 | 二级科目 | 明细科目 | | 分配标准 | 分配率 | 分配金额 | |
| | | | | | | | |
| | | | | | | | |
| | | | | | | | |
| | | | | | | | |
| | | | | | | | |
| | | | | | | | |
| | | | | | | | |
| | | | | | | | |
| | | | | | | | |
| | | | | | | | |
| | | | | | | | |
| | | | | | | | |

　　2. 根据部门本月工资汇总表（见表 16-6），填制工资费用分配表、五险一金、工会经费计提表（见表 16-7 和表 16-8）。

表 16-6 工资汇总表

2021 年 9 月

单位：元

| 部门及用途 | | 工 资 |
|---|---|---|
| 一车间 | CZ—16 电机 | |
| | CZ—18 电机 | |
| | 小计 | 22 000 |
| | 车间管理部门 | 9 000 |

续表

| 部门及用途 | | 工　资 |
|---|---|---|
| 二车间 | CZ—16 电机 | |
| | CZ—18 电机 | |
| | 小计 | 20 000 |
| | 车间管理部门 | 6 000 |
| 三车间 | CZ—16 电机 | |
| | CZ—18 电机 | |
| | 小计 | 31 000 |
| | 车间管理部门 | 9 000 |
| 厂部 | | 12 500 |
| 供电车间 | | 11 000 |
| 机修车间 | | 14 500 |
| 合　计 | | 135 000 |

表 16-7　工资费用分配表

年　　月　　日　　　　　　　　　　　　　单位：元

| 应借科目 | | | 直接计入 | 分配计入 | | | 应付工资合计 |
|---|---|---|---|---|---|---|---|
| 总账科目 | 明细科目 | 成本费用项目 | | 分配标准 | 分配率 | 分配金额 | |
| 生产成本 | CZ—16 电机一车间 | 直接人工 | | | | | |
| | CZ—18 电机一车间 | 直接人工 | | | | | |
| | 小计 | | | | | | |
| | CZ—16 电机二车间 | 直接人工 | | | | | |
| | CZ—18 电机二车间 | 直接人工 | | | | | |
| | 小计 | | | | | | |
| | CZ—16 电机三车间 | 直接人工 | | | | | |
| | CZ—18 电机三车间 | 直接人工 | | | | | |
| | 小计 | | | | | | |
| | 供电车间 | 职工薪酬 | | | | | |
| | 机修车间 | 职工薪酬 | | | | | |
| 制造费用 | 一车间 | 职工薪酬 | | | | | |
| | 二车间 | 职工薪酬 | | | | | |
| | 三车间 | 职工薪酬 | | | | | |
| 管理费用 | | 职工薪酬 | | | | | |
| 合　计 | | | | | | | |

### 表 16-8　五险一金、工会经费计提表

年　月　日　　　　　　　　　　　　　　　　　　　　　单位：元

| 应借科目 | | | 工资 | 五险一金（39.8%） | 工会经费（2%） | 计提费用合计 |
|---|---|---|---|---|---|---|
| 总账科目 | 明细科目 | 成本费用项目 | | | | |
| 生产成本 | CZ—16 电机一车间 | 直接人工 | | | | |
| | CZ—18 电机一车间 | 直接人工 | | | | |
| | CZ—16 电机二车间 | 直接人工 | | | | |
| | CZ—18 电机二车间 | 直接人工 | | | | |
| | CZ—16 电机三车间 | 直接人工 | | | | |
| | CZ—18 电机三车间 | 直接人工 | | | | |
| | 供电车间 | 职工薪酬 | | | | |
| | 机修车间 | 职工薪酬 | | | | |
| 制造费用 | 一车间 | 职工薪酬 | | | | |
| | 二车间 | 职工薪酬 | | | | |
| | 三车间 | 职工薪酬 | | | | |
| 管理费用 | | 职工薪酬 | | | | |
| 合　计 | | | | | | |

3. 根据固定资产折旧资料（见表 16-9），填制折旧费用分配表（见表 16-10）。

### 表 16-9　固定资产折旧费用计提表

2021 年 9 月　　　　　　　　　　　　　　　　　　　　单位：元

| 部门 | 一车间 | 二车间 | 三车间 | 厂部 | 供电 | 机修 |
|---|---|---|---|---|---|---|
| 金额 | 1 400 | 1 200 | 1 900 | 1 120 | 5 200 | 960 |

### 表 16-10　折旧费用分配表

年　月　日　　　　　　　　　　　　　　　　　　　　　单位：元

| 应借科目 | | | 部　门 | 应提折旧费 |
|---|---|---|---|---|
| 总账科目 | 明细科目 | 成本费用项目 | | |
| | | | | |
| | | | | |
| | | | | |
| | | | | |
| | | | | |
| | | | | |
| | | | | |

4. 根据各部门用电情况（见表 16-11），填制供电车间费用分配表（见表 16-12）。

表 16-11　用电情况汇总表

2021 年 9 月　　　　　　　　　　　　　　　　　　　　单位：度

| 用电部门 | 照明用电 | 动力用电 | 合　计 |
|---|---|---|---|
| 一车间 | 1 300 | 29 800 | 31 100 |
| 二车间 | 1 500 | 21 300 | 22 800 |
| 三车间 | 1 600 | 9 800 | 11 400 |
| 机修车间 | 220 | 9 000 | 9 220 |
| 厂部 | 2 000 | | 2 000 |
| 合　计 | 6 620 | 69 900 | 76 520 |

表 16-12　供电车间费用分配表（直接分配法）

2021 年 9 月　　　　　　　　　　　　　　　　　　　　单位：元

| 应借科目 | | | 分配 | | | 用电量/度 | 单价 | 金额 |
|---|---|---|---|---|---|---|---|---|
| 总账科目 | 明细科目 | 成本费用项目 | 分配标准/工时 | 分配率 | 分配金额 | | | |
| 生产成本 | CZ—16 电机一车间 | 直接材料 | | | | | | |
| | CZ—18 电机一车间 | 直接材料 | | | | | | |
| | 小计 | | | | | | | |
| | CZ—16 电机二车间 | 直接材料 | | | | | | |
| | CZ—18 电机二车间 | 直接材料 | | | | | | |
| | 小计 | | | | | | | |
| | CZ—16 电机三车间 | 直接材料 | | | | | | |
| | CZ—18 电机三车间 | 直接材料 | | | | | | |
| | 小计 | | | | | | | |
| 制造费用 | 一车间 | 水电费 | | | | | | |
| | 二车间 | 水电费 | | | | | | |
| | 三车间 | 水电费 | | | | | | |
| 管理费用 | | 水电费 | | | | | | |
| 合　计 | | | | | | | | |

5. 根据机修车间工时资料（见表 16-13），填制辅助生产费用分配表（见表 16-14）。

表 16-13  机修车间提供劳务量表

2021 年 9 月                    单位：小时

| 部　门 | 工　时 |
|---|---|
| 一车间 | 560 |
| 二车间 | 440 |
| 三车间 | 400 |
| 厂部 | 150 |
| 供电车间 | 150 |
| 合　计 | 1 800 |

表 16-14  辅助生产费用分配表（直接分配法）

单位：元

| 项　目 | | | 分配标准/工时 | 分　配　率 | 分配金额 |
|---|---|---|---|---|---|
| 总账科目 | 明细科目 | 成本费用项目 | | | |
| | | | | | |
| | | | | | |
| | | | | | |
| | | | | | |
| | | | | | |
| | | | | | |
| | | | | | |
| | | | | | |
| | | | | | |

6. 填制各车间制造费用分配表（见表 16-15～表 16-17）。

表 16-15  制造费用分配表

车间：一车间                年　月　日                单位：元

| 产品名称 | 分配标准 | 分　配　率 | 分配金额 |
|---|---|---|---|
| | | | |
| | | | |
| | | | |
| | | | |
| | | | |
| | | | |
| 合　计 | | | |

表 16-16　制造费用分配表

车间：二车间　　　　　　　　　　　　　　　　年　　月　　日　　　　　　　　　　　　　　　单位：元

| 产品名称 | 分配标准 | 分配率 | 分配金额 |
|---|---|---|---|
|  |  |  |  |
|  |  |  |  |
|  |  |  |  |
|  |  |  |  |
|  |  |  |  |
|  |  |  |  |
|  |  |  |  |
| 合　计 |  |  |  |

表 16-17　制造费用分配表

车间：三车间　　　　　　　　　　　　　　　　年　　月　　日　　　　　　　　　　　　　　　单位：元

| 产品名称 | 分配标准 | 分配率 | 分配金额 |
|---|---|---|---|
|  |  |  |  |
|  |  |  |  |
|  |  |  |  |
|  |  |  |  |
|  |  |  |  |
|  |  |  |  |
|  |  |  |  |
| 合　计 |  |  |  |

## 五、实训步骤

### （一）期初建账

期初建账资料如表 16-18～表 16-28 所示。

表 16-18　第一车间产品成本计算单

产品：CZ—16　　　　　　　2021 年 9 月　　　　　完工数量：　　　台　　　单位：元

| 摘　要 | 直接材料 | 直接人工 | 制造费用 | 合　计 |
|---|---|---|---|---|
| 月初（广义）在产品成本 |  |  |  |  |
| 本月生产费用 |  |  |  |  |
| 生产费用合计 |  |  |  |  |
| 最终产成品数量/台 |  |  |  |  |
| 月末（广义）在产品数量/台 |  |  |  |  |

续表

| 摘　　要 | 直接材料 | 直接人工 | 制造费用 | 合　　计 |
|---|---|---|---|---|
| 约当产量合计/台 | | | | |
| 分配率（即单位产成品成本份额） | | | | |
| 应计入产成品成本份额 | | | | |
| 月末（广义）在产品成本 | | | | |

### 表 16-19　第一车间产品成本计算单

产品：CZ—18　　　　　　　2021 年 9 月　　　　　　完工数量：　　台　　　　单位：元

| 摘　　要 | 直接材料 | 直接人工 | 制造费用 | 合　　计 |
|---|---|---|---|---|
| 月初（广义）在产品成本 | | | | |
| 本月生产费用 | | | | |
| 生产费用合计 | | | | |
| 最终产成品数量/台 | | | | |
| 月末（广义）在产品数量/台 | | | | |
| 约当产量合计/台 | | | | |
| 分配率（即单位产成品成本份额） | | | | |
| 应计入产成品成本份额 | | | | |
| 月末（广义）在产品成本 | | | | |

### 表 16-20　第二车间产品成本计算单

产品：CZ—16　　　　　　　2021 年 9 月　　　　　　完工数量：　　台　　　　单位：元

| 摘　　要 | 直接材料 | 直接人工 | 制造费用 | 合　　计 |
|---|---|---|---|---|
| 月初（广义）在产品成本 | | | | |
| 本月生产费用 | | | | |
| 生产费用合计 | | | | |
| 最终产成品数量/台 | | | | |
| 月末（广义）在产品数量/台 | | | | |
| 约当产量合计/台 | | | | |
| 分配率（即单位产成品成本份额） | | | | |
| 应计入产成品成本份额 | | | | |
| 月末（广义）在产品成本 | | | | |

表 16-21　第二车间产品成本计算单

产品：CZ—18　　　　　　　2021 年 9 月　　　　　完工数量：　　台　　　单位：元

| 摘　　要 | 直接材料 | 直接人工 | 制造费用 | 合　　计 |
|---|---|---|---|---|
| 月初（广义）在产品成本 | | | | |
| 本月生产费用 | | | | |
| 生产费用合计 | | | | |
| 最终产成品数量/台 | | | | |
| 月末（广义）在产品数量/台 | | | | |
| 约当产量合计/台 | | | | |
| 分配率（即单位产成品成本份额） | | | | |
| 应计入产成品成本份额 | | | | |
| 月末（广义）在产品成本 | | | | |

表 16-22　第三车间产品成本计算单

产品：CZ—16　　　　　　　2021 年 9 月　　　　　完工数量：　　台　　　单位：元

| 摘　　要 | 直接材料 | 直接人工 | 制造费用 | 合　　计 |
|---|---|---|---|---|
| 月初（广义）在产品成本 | | | | |
| 本月生产费用 | | | | |
| 生产费用合计 | | | | |
| 最终产成品数量/台 | | | | |
| 月末（广义）在产品数量/台 | | | | |
| 约当产量合计/台 | | | | |
| 分配率（即单位产成品成本份额） | | | | |
| 应计入产成品成本份额 | | | | |
| 月末（广义）在产品成本 | | | | |

表 16-23　第三车间成本计算单

产品：CZ—18　　　　　　　2021 年 9 月　　　　　完工数量：　　台　　　单位：元

| 摘　　要 | 直接材料 | 直接人工 | 制造费用 | 合　　计 |
|---|---|---|---|---|
| 月初（广义）在产品成本 | | | | |
| 本月生产费用 | | | | |
| 生产费用合计 | | | | |
| 最终产成品数量/台 | | | | |
| 月末（广义）在产品数量/台 | | | | |
| 约当产量合计/台 | | | | |
| 分配率（即单位产成品成本份额） | | | | |

| 摘　　要 | 直接材料 | 直接人工 | 制造费用 | 合　　计 |
|---|---|---|---|---|
| 应计入产成品成本份额 | | | | |
| 月末（广义）在产品成本 | | | | |

表 16-24　辅助生产成本明细账

车间：供电车间　　　　　　　　　　　　　　　　　　　　　　　单位：元

| 年 | | 摘　　要 | （借　）方　　金额分析 | | | | 合　　计 |
|---|---|---|---|---|---|---|---|
| 月 | 日 | | 机物料消耗费 | 职工薪酬 | 折旧费 | | |
| | | | | | | | |
| | | | | | | | |
| | | | | | | | |
| | | | | | | | |
| | | | | | | | |
| | | | | | | | |

表 16-25　辅助生产成本明细账

车间：机修车间　　　　　　　　　　　　　　　　　　　　　　　单位：元

| 年 | | 摘　　要 | （借　）方　　金额分析 | | | | 合　　计 |
|---|---|---|---|---|---|---|---|
| 月 | 日 | | 机物料消耗费 | 职工薪酬 | 折旧费 | | |
| | | | | | | | |
| | | | | | | | |
| | | | | | | | |
| | | | | | | | |
| | | | | | | | |
| | | | | | | | |
| | | | | | | | |
| | | | | | | | |
| | | | | | | | |

表 16-26　制造费用明细账

车间：一车间　　　　　　　　　　　　　　　　　　　　　　　单位：元

| 年 | | 摘　　要 | （借　）方　　金额分析 | | | | 合　　计 |
|---|---|---|---|---|---|---|---|
| 月 | 日 | | 机物料消耗费 | 职工薪酬 | 折旧费 | | |
| | | | | | | | |
| | | | | | | | |
| | | | | | | | |
| | | | | | | | |

续表

| 年 | | 摘　要 | （借　）方　金额分析 | | | | 合　计 |
|---|---|---|---|---|---|---|---|
| 月 | 日 | | 机物料消耗费 | 职工薪酬 | 折旧费 | | |
| | | | | | | | |
| | | | | | | | |
| | | | | | | | |
| | | | | | | | |
| | | | | | | | |

表 16-27　制造费用明细账

车间：二车间 单位：元

| 年 | | 摘　要 | （借　）方　金额分析 | | | | 合　计 |
|---|---|---|---|---|---|---|---|
| 月 | 日 | | 机物料消耗费 | 职工薪酬 | 折旧费 | | |
| | | | | | | | |
| | | | | | | | |
| | | | | | | | |
| | | | | | | | |
| | | | | | | | |
| | | | | | | | |
| | | | | | | | |
| | | | | | | | |
| | | | | | | | |
| | | | | | | | |

表 16-28　制造费用明细账

车间：三车间 单位：元

| 年 | | 摘　要 | （借　）方　金额分析 | | | | 合　计 |
|---|---|---|---|---|---|---|---|
| 月 | 日 | | 机物料消耗费 | 职工薪酬 | 折旧费 | | |
| | | | | | | | |
| | | | | | | | |
| | | | | | | | |
| | | | | | | | |
| | | | | | | | |
| | | | | | | | |
| | | | | | | | |
| | | | | | | | |
| | | | | | | | |

## （二）业务处理

1. 根据材料费用分配表（见表 16-5），编制记账凭证，并登记有关明细账。

2. 根据工资费用分配表（见表 16-7），编制记账凭证，并登记有关明细账。

3. 根据五险一金、工会经费计提表（见表 16-8），填制记账凭证，并登记有关明细账。

4. 根据固定资产折旧费用计提表（见表 16-9），填制记账凭证，并登记有关明细账。

5. 登记供电车间辅助生产成本明细账（见表 16-24），填制供电车间费用分配表（见表 16-12），填制记账凭证，并登记有关明细账。

6. 登记机修车间辅助生产成本明细账（见表 16-25），填制机修车间辅助生产费用分配表（见表 16-14），填制记账凭证，并登记有关明细账。

7. 登记一车间制造费用明细账（见表 16-26），填制一车间制造费用分配表（见表 16-15），编制记账凭证，并登记有关明细账。

8. 登记二车间制造费用明细账（见表 16-27），填制二车间制造费用分配表（见表 16-16），编制记账凭证，并登记有关明细账。

9. 登记三车间制造费用明细账（见表 16-28），填制三车间制造费用分配表（见表 16-17），编制记账凭证，并登记有关明细账。

10. 登记各车间各产品成本计算单（见表 16-18～表 16-23），计算产品成本，填制产成品成本汇总表（见表 16-29 和表 16-30），编制结转完工产品成本的会计分录。

### 表 16-29　产品成本汇总表

产品名称：CZ—16　　　　　　　　　年　　月　　　　　产量：　　台　　　　　单位：元

| 项　　目 | 直接材料 | 直接人工 | 制造费用 | 合　　计 |
|---|---|---|---|---|
| 一车间 | | | | |
| 二车间 | | | | |
| 三车间 | | | | |
| 总成本 | | | | |
| 单位成本 | | | | |

### 表 16-30　产品成本汇总表

产品名称：CZ—18　　　　　　　　　年　　月　　　　　产量：　　台　　　　　单位：元

| 项　　目 | 直接材料 | 直接人工 | 制造费用 | 合　　计 |
|---|---|---|---|---|
| 一车间 | | | | |
| 二车间 | | | | |
| 三车间 | | | | |
| 总成本 | | | | |
| 单位成本 | | | | |

完工产品成本结转的会计分录：

## 六、学生实训总结

参考答案

# 第三部分 综合训练

## 项目十七　　综合训练

### 一、实训目的

1. 通过实训，增强学生对成本会计理论知识的理解和感性认识，巩固和深化成本会计专业理论知识。

2. 系统掌握工业企业成本核算的基本程序和基本方法，加强对成本会计理论知识的理解，提高学生的动手能力，使学生能掌握成本核算的基本流程，熟练进行成本核算，提高学生的专业技能。

3. 培养学生灵活运用专业知识的能力，在实训中发现问题，提高分析问题及解决问题的能力。

4. 培养学生的敬业精神和职业道德，增强组织纪律性和自觉性，使学生在思想品德、工作态度及工作作风等方面得到锻炼，在吃苦耐劳、认真细致、诚信务实、团队协作精神等综合素质方面得到全面提高。

### 二、模拟企业基本情况

湘中化肥厂生产尿素，设有三个基本生产车间：合成车间、尿素车间和成品车间，属于连续式多步骤生产，生产以电为动力。设有两个辅助生产车间：机修车间和供水车间。机修车间负责机器设备的修理，供水车间以水为原料生产循环水和精制水，为基本生产车间和其他部门提供用水。

1. 生产工艺流程：

合成车间投入渣油等生产出合成氨，合成氨直接投入尿素车间生产出散尿素，散尿素直接进入成品车间包装为成品尿素。

生产工艺流程见图 17-1。

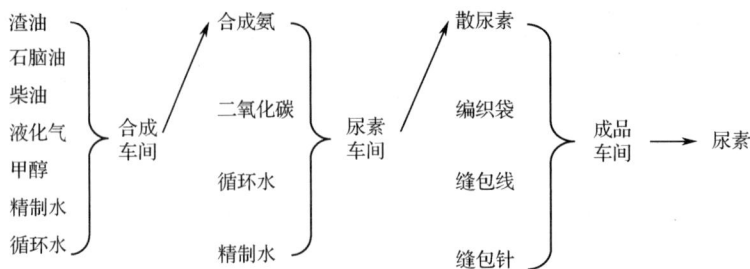

图 17-1　生产工艺流程图

2．该公司有关核算制度如下：

（1）材料采用计划成本法计价，低值易耗品采用一次摊销法计价。

（2）产品成本计算方法为综合逐步结转分步法。

（3）基本生产成本明细账设"直接材料""燃料及动力""直接人工""制造费用"4个成本项目，辅助生产成本明细账：其中机修车间的间接费用不通过"制造费用"账户核算，其辅助生产成本明细账采用多栏式账，按费用项目进行明细核算；供水车间设"直接材料""燃料及动力""直接人工""制造费用"4个成本项目，间接费用通过"制造费用"账户核算，采用品种法计算循环水和精制水（产量分别为 300 000 吨和 100 000 吨）的成本；供水车间制造费用按工时比例进行分配。

（4）采用交互分配法分配辅助生产费用。

（5）分配率能除尽的除尽，除不尽的保留到小数点后3位，金额保留到小数点后2位。

（6）采用记账凭证核算程序。

## 三、实训任务与要求

1．根据期初资料开设生产成本总账、制造费用总账，基本生产成本明细账、辅助生产成本明细账和制造费用明细账并登记期初余额。

2．根据有关原始凭证编制记账凭证。

3．根据记账凭证登记辅助生产成本明细账，分配辅助生产费用。

4．根据记账凭证登记制造费用明细账，分配制造费用。

5．根据记账凭证登记基本生产成本明细账，填制成本计算单，计算产品成本。

6．登记生产成本总账、制造费用总账。

7．对账，结账。

8．装订凭证，撰写实训报告。

## 四、实训资料

### （一）生产成本期初资料和产量资料（见表 17-1 和表 17-2）

表 17-1　生产成本期初余额表

车间：成品车间　　　　　　　　　　　2021 年 10 月　　　　　　　　　　　　单位：元

产品名称：尿素

| 项　　目 | 成本项目 | | | | | 合　　计 |
|---|---|---|---|---|---|---|
| | 直接材料 | 直接人工 | 制造费用 | 燃料及动力 | 半成品 | |
| 月初在产品成本 | 9 800 | 3 200 | 2 800 | 18 000 | 32 000 | 65 800 |

表 17-2　产量记录表

| 项　　目 | 计量单位 | 合成车间 | 尿素车间 | 成品车间 |
|---|---|---|---|---|
| 月初在产品 | 吨 | | | 105 |
| 本月投产 | 吨 | 1 650 | 1 550 | 1 550 |
| 本月完工 | 吨 | 1 550 | 1 550 | 1 480 |
| 月末在产品 | 吨 | 100 | | 175 |
| 在产品完工程度 | | 50% | | 60% |

各步骤材料在本步骤开始时一次投入。

### （二）本企业 10 月份发生的有关经济业务

**业务 1　领用材料**

附件 1-1

领　料　单

领料部门：合成车间　　　　　开票日期：2021 年 10 月 2 日　　　　　　　　第 101 号

| 材料类别及编号 | 材料名称 | 规格 | 单位 | 请领数量 | 实发数量 | 计划价格/元 | |
|---|---|---|---|---|---|---|---|
| | | | | | | 单价 | 金额 |
| 原料及主要材料 1001 | 渣油 | | 吨 | 200 | 200 | 1 000 | 200 000.00 |

| 用途 | 生产合成氨 | 领料部门 | | 发料部门 | |
|---|---|---|---|---|---|
| | | 负责人 | 领料人 | 核准人 | 发料人 |
| | | | 陈林 | | 李小莉 |

**附件 1-2**

### 领　料　单

领料部门：合成车间　　　　开票日期：2021 年 10 月 2 日　　　　　　第 102 号

| 材料类别及编号 | 材料名称 | 规格 | 单位 | 请领数量 | 实发数量 | 计划价格/元 | |
|---|---|---|---|---|---|---|---|
| | | | | | | 单价 | 金额 |
| 原料及主要材料 1002 | 石脑油 | | 吨 | 50 | 50 | 1 600 | 80 000.00 |
| 用途 | 生产合成氨 | 领料部门 | | | 发料部门 | | |
| | | 负责人 | 领料人 | | 核准人 | 发料人 | |
| | | | 陈林 | | | 李小莉 | |

**附件 1-3**

### 领　料　单

领料部门：合成车间　　　　开票日期：2021 年 10 月 2 日　　　　　　第 103 号

| 材料类别及编号 | 材料名称 | 规格 | 单位 | 请领数量 | 实发数量 | 计划价格/元 | |
|---|---|---|---|---|---|---|---|
| | | | | | | 单价 | 金额 |
| 燃料 2001 | 柴油 | | 吨 | 40 | 40 | 2 200 | 88 000.00 |
| 用途 | 生产合成氨 | 领料部门 | | | 发料部门 | | |
| | | 负责人 | 领料人 | | 核准人 | 发料人 | |
| | | | 陈林 | | | 马志 | |

**附件 1-4**

### 领　料　单

领料部门：合成车间　　　　开票日期：2021 年 10 月 2 日　　　　　　第 104 号

| 材料类别及编号 | 材料名称 | 规格 | 单位 | 请领数量 | 实发数量 | 计划价格/元 | |
|---|---|---|---|---|---|---|---|
| | | | | | | 单价 | 金额 |
| 燃料 2002 | 液化气 | | 吨 | 45 | 45 | 1 600 | 72 000.00 |
| 用途 | 生产合成氨 | 领料部门 | | | 发料部门 | | |
| | | 负责人 | 领料人 | | 核准人 | 发料人 | |
| | | | 陈林 | | | 马志 | |

**附件 1-5**

## 领 料 单

领料部门：合成车间　　　　开票日期：2021 年 10 月 2 日　　　　第 105 号

| 材料类别及编号 | 材料名称 | 规格 | 单位 | 请领数量 | 实发数量 | 计划价格/元 | |
|---|---|---|---|---|---|---|---|
| | | | | | | 单价 | 金额 |
| 原料及主要材料 1003 | 甲醇 | | 吨 | 20 | 20 | 1 200 | 24 000.00 |
| 用途 | 生产合成氨 | 领料部门 | | | 发料部门 | | |
| | | 负责人 | 领料人 | 核准人 | 发料人 | | |
| | | | 陈林 | | 马志 | | |

## 业务 2　购买办公用品

**附件 2-1**

### 星城商业零售企业统一发票　　　　No 01423465

客户：湘中化肥厂　　　　2021 年 10 月 3 日

| 货号 | 品名 | 规格 | 单位 | 数量 | 单价 | 金额 | | | | | | | 备注 |
|---|---|---|---|---|---|---|---|---|---|---|---|---|---|
| | | | | | | 万 | 仟 | 佰 | 拾 | 元 | 角 | 分 | |
| | 复印纸 | A4 | 箱 | 8 | 250 | 2 | 0 | 0 | 0 | 0 | 0 | | |
| | 水笔 | 0.5mm | 盒 | 110 | 10 | 1 | 1 | 0 | 0 | 0 | 0 | | |
| | | | | | | | | | | | | | |
| | | | | | | | | | | | | | |
| | | | | | ¥ | 3 | 1 | 0 | 0 | 0 | 0 | | |

91143050218556 9112
发票专用章（未盖章无效）
发票专用章　　　　开票人：陈杰　　　　收款人：张维

**附件 2-2**

中　国　工　商　银　行

转　账　支　票　存　根（湘）

XII 08152011

附加信息 _____

_____

_____

出票日期　2021 年 10 月 3 日

| 收款人：娄底恒达办公用品公司 |
|---|
| 金　额：¥3 100.00 |
| 用　途：购买办公用品 |

单位主管　　　　　会计

**附件 2-3**

## 办公用品发放清单

2021 年 10 月 3 日　　　　　　　　　　　　　　　　单位：元

| 部门 | 品名 | 规格 | 单位 | 数量 | 单价 | 金额 |
|---|---|---|---|---|---|---|
| 合成车间 | 复印纸 | A4 | 箱 | 1 | 250 | 250 |
| | 水笔 | 0.5mm | 盒 | 20 | 10 | 200 |
| 尿素车间 | 复印纸 | A4 | 箱 | 1 | 250 | 250 |
| | 水笔 | 0.5mm | 盒 | 10 | 10 | 100 |
| 成品车间 | 复印纸 | A4 | 箱 | 1 | 250 | 250 |
| | 水笔 | 0.5mm | 盒 | 10 | 10 | 100 |
| 供水车间 | 复印纸 | A4 | 箱 | 1 | 250 | 250 |
| | 水笔 | 0.5mm | 盒 | 20 | 10 | 200 |
| 机修车间 | 复印纸 | A4 | 箱 | 1 | 250 | 250 |
| | 水笔 | 0.5mm | 盒 | 20 | 10 | 200 |
| 行政管理部门 | 复印纸 | A4 | 箱 | 3 | 250 | 750 |
| | 水笔 | 0.5mm | 盒 | 30 | 10 | 300 |
| 合计 | | | | | | 3 100 |

## 业务 3 领用材料

### 附件 3-1

#### 领 料 单

领料部门：尿素车间　　　　　　　　开票日期：2021 年 10 月 3 日　　　　　　　　第 106 号

| 材料类别及编号 | 材料名称 | 规格 | 单位 | 请领数量 | 实发数量 | 计划价格/元 | |
|---|---|---|---|---|---|---|---|
| | | | | | | 单价 | 金额 |
| 原料及主要材料 1003 | 二氧化碳 | | 吨 | 200 | 200 | 60 | 12 000.00 |
| 用途 | 生产散尿素 | 领料部门 | | | 发料部门 | | |
| | | 负责人 | 领料人 | 核准人 | | 发料人 | |
| | | | 周凡 | | | 李小莉 | |

### 附件 3-2

#### 领 料 单

领料部门：合成车间　　　　　　　　开票日期：2021 年 10 月 3 日　　　　　　　　第 107 号

| 材料类别及编号 | 材料名称 | 规格 | 单位 | 请领数量 | 实发数量 | 计划价格/元 | |
|---|---|---|---|---|---|---|---|
| | | | | | | 单价 | 金额 |
| 燃料 2001 | 柴油 | | 吨 | 20 | 20 | 2 200 | 44 000.00 |
| 用途 | 生产合成氨 | 领料部门 | | | 发料部门 | | |
| | | 负责人 | 领料人 | 核准人 | | 发料人 | |
| | | | 陈林 | | | 马志 | |

### 附件 3-3

#### 领 料 单

领料部门：机修车间　　　　　　　　开票日期：2021 年 10 月 3 日　　　　　　　　第 108 号

| 材料类别及编号 | 材料名称 | 规格 | 单位 | 请领数量 | 实发数量 | 计划价格/元 | |
|---|---|---|---|---|---|---|---|
| | | | | | | 单价 | 金额 |
| 修理用备件 4001 | 轴承 | | 个 | 30 | 30 | 300 | 9 000.00 |
| 用途 | 机修 | 领料部门 | | | 发料部门 | | |
| | | 负责人 | 领料人 | 核准人 | | 发料人 | |
| | | | 王珊 | | | 李小莉 | |

**附件 3-4**

领　料　单

领料部门：合成车间　　　　　　开票日期：2021 年 10 月 3 日　　　　　　　　　　第 109 号

| 材料类别及编号 | 材料名称 | 规格 | 单位 | 请领数量 | 实发数量 | 计划价格/元 | |
|---|---|---|---|---|---|---|---|
| | | | | | | 单价 | 金额 |
| 原料及主要材料 1001 | 渣油 | | 吨 | 50 | 50 | 1 000 | 50 000.00 |
| 用途 | 合成氨 | 领料部门 | | | 发料部门 | | |
| | | 负责人 | 领料人 | 核准人 | 发料人 | | |
| | | | 陈林 | | 李小莉 | | |

**附件 3-5**

领　料　单

领料部门：供水车间　　　　　　开票日期：2021 年 10 月 3 日　　　　　　　　　　第 110 号

| 材料类别及编号 | 材料名称 | 规格 | 单位 | 请领数量 | 实发数量 | 计划价格/元 | |
|---|---|---|---|---|---|---|---|
| | | | | | | 单价 | 金额 |
| 辅助材料 3007 | 液氯 | | 吨 | 10 | 10 | 1 300 | 13 000.00 |
| 用途 | 生产循环水 | 领料部门 | | | 发料部门 | | |
| | | 负责人 | 领料人 | 核准人 | 发料人 | | |
| | | | 吴斌 | | 李小莉 | | |

**附件 3-6**

领　料　单

领料部门：机修车间　　　　　　开票日期：2021 年 10 月 3 日　　　　　　　　　　第 111 号

| 材料类别及编号 | 材料名称 | 规格 | 单位 | 请领数量 | 实发数量 | 计划价格/元 | |
|---|---|---|---|---|---|---|---|
| | | | | | | 单价 | 金额 |
| 辅助材料 3004 | 防腐油漆 | | 千克 | 400 | 400 | 25 | 10 000.00 |
| 用途 | 机修 | 领料部门 | | | 发料部门 | | |
| | | 负责人 | 领料人 | 核准人 | 发料人 | | |
| | | | 王珊 | | 李小莉 | | |

附件 3-7

领 料 单

领料部门：供水车间　　　　　　开票日期：2021 年 10 月 3 日　　　　　　　　　第 112 号

| 材料类别及编号 | 材料名称 | 规格 | 单位 | 请领数量 | 实发数量 | 计划价格/元 | |
|---|---|---|---|---|---|---|---|
| | | | | | | 单价 | 金额 |
| 辅助材料 3005 | 冷凝液 | | 吨 | 20 | 20 | 1 500 | 30 000.00 |
| 用途 | 生产<br>精制水 | 领料部门 | | | | 发料部门 | |
| | | 负责人 | 领料人 | | 核准人 | 发料人 | |
| | | | 吴斌 | | | 李小莉 | |

附件 3-8

领 料 单

领料部门：机修车间　　　　　　开票日期：2021 年 10 月 3 日　　　　　　　　　第 113 号

| 材料类别及编号 | 材料名称 | 规格 | 单位 | 请领数量 | 实发数量 | 计划价格/元 | |
|---|---|---|---|---|---|---|---|
| | | | | | | 单价 | 金额 |
| 辅助材料 3003 | 润滑油 | | 千克 | 300 | 300 | 12 | 3 600.00 |
| 用途 | 机修 | 领料部门 | | | | 发料部门 | |
| | | 负责人 | 领料人 | | 核准人 | 发料人 | |
| | | | 王珊 | | | 李小莉 | |

附件 3-9

领 料 单

领料部门：供水车间　　　　　　开票日期：2021 年 10 月 3 日　　　　　　　　　第 114 号

| 材料类别及编号 | 材料名称 | 规格 | 单位 | 请领数量 | 实发数量 | 计划价格/元 | |
|---|---|---|---|---|---|---|---|
| | | | | | | 单价 | 金额 |
| 辅助材料 3006 | 水稳剂 | | 千克 | 80 | 80 | 450 | 36 000.00 |
| 用途 | 生产<br>循环水 | 领料部门 | | | | 发料部门 | |
| | | 负责人 | 领料人 | | 核准人 | 发料人 | |
| | | | 吴斌 | | | 李小莉 | |

**附件 3-10**

### 领　料　单

领料部门：供水车间　　　　　　开票日期：2021 年 10 月 3 日　　　　　　　　　第 115 号

| 材料类别编号 | 材料名称 | 规格 | 单位 | 请领数量 | 实发数量 | 计划价格/元 | |
|---|---|---|---|---|---|---|---|
| | | | | | | 单价 | 金额 |
| 辅助材料 3009 | 烧碱 | | 吨 | 24 | 24 | 400 | 33 600.00 |
| 用途 | 生产精制水 | 领料部门 | | | 发料部门 | | |
| | | 负责人 | 领料人 | 核准人 | | 发料人 | |
| | | | 吴斌 | | | 李小莉 | |

**附件 3-11**

### 领　料　单

领料部门：供水车间　　　　　　开票日期：2021 年 10 月 3 日　　　　　　　　　第 116 号

| 材料类别编号 | 材料名称 | 规格 | 单位 | 请领数量 | 实发数量 | 计划价格/元 | |
|---|---|---|---|---|---|---|---|
| | | | | | | 单价 | 金额 |
| 辅助材料 3008 | 盐酸 | | 千克 | 800 | 800 | 50 | 40 000.00 |
| 用途 | 生产精制水 | 领料部门 | | | 发料部门 | | |
| | | 负责人 | 领料人 | 核准人 | | 发料人 | |
| | | | 吴斌 | | | 李小莉 | |

## 业务 4 报销差旅费

**附件 4-1**

### 差 旅 费 报 销 单

单位名称：合成车间　　　　填报日期 2021 年 10 月 6 日　　　　　　单位：元

| 姓名 | 周清 | 职级 | 车间主任 | | 出差事由 | 考察 | 出差时间 | 计划期 5 天 | | |
|------|------|------|----------|--|----------|------|----------|------------|--|--|
| | | | | | | | | 实际 5 天 | | |
| 日期 | | 起止地点 | | 飞机、车、船票 | | 其他费用 | | | | |
| 月 | 日 | 起 | 止 | 类别 | 金额 | 项目 | | 标准 | 计算天数 | 核报金额 |
| 1 | 3 | 娄底 | 深圳 | 火车 | 200.00 | 住宿费 | 包干报销 | 70 | 5 | 350.00 |
| 1 | 7 | 深圳 | 娄底 | 火车 | 200.00 | | 限额报销 | | | |
| | | | | | | 伙食补助费 | | | | |
| | | | | | | 车、船补助费 | | | | |
| | | | | | | 其他杂支 | | | | |
| | | 小　计 | | | 400.00 | 小计 | | | | 350.00 |
| 总计金额（大写） | | 零仟柒佰伍拾零元零角零分 | | | | 预支 800.00　核销 750.00　退 50.00 | | | | |

主管：王洁　　　部门：　　　审核：朱红　　　填报人：周清

**附件 4-2**

### 收 据

2021 年 10 月 6 日　　　　　　第 101 号

| 今收到　周清 | | | | | | | | | |
|---|---|---|---|---|---|---|---|---|---|
| 人民币（大写）：伍拾元整 | | 十万 | 千 | 百 | 十 | 元 | 角 | 分 | |
| | | | | ¥ | 5 | 0 | 0 | 0 | |
| 事由：退回差旅费余款 | | 现金 | | | | | | | |
| | | 支票　　　号 | | | | | | | |
| 收款单位 | 财务负责人 李创 | 经手人收讫 李茜 | | | | | | | |

现金收讫

## 业务5 领用材料

**附件 5-1**

### 领 料 单

领料部门：合成车间　　　　　开票日期：2021 年 10 月 8 日　　　　　　第 117 号

| 材料类别及编号 | 材料名称 | 规格 | 单位 | 请领数量 | 实发数量 | 计划价格/元 | |
|---|---|---|---|---|---|---|---|
| | | | | | | 单价 | 金额 |
| 辅助材料 3002 | 标准件 | | 个 | 200 | 200 | 20 | 4 000.00 |
| 用途 | 一般消耗 | 领料部门 | | | 发料部门 | | |
| | | 负责人 | 领料人 | 核准人 | 发料人 | | |
| | | | 陈林 | | 李小莉 | | |

**附件 5-2**

### 领 料 单

领料部门：合成车间　　　　　开票日期：2021 年 10 月 8 日　　　　　　第 118 号

| 材料类别及编号 | 材料名称 | 规格 | 单位 | 请领数量 | 实发数量 | 计划价格/元 | |
|---|---|---|---|---|---|---|---|
| | | | | | | 单价 | 金额 |
| 辅助材料 3003 | 润滑油 | | 千克 | 100 | 100 | 12 | 1 200.00 |
| 用途 | 一般消耗 | 领料部门 | | | 发料部门 | | |
| | | 负责人 | 领料人 | 核准人 | 发料人 | | |
| | | | 陈林 | | 李小莉 | | |

**附件 5-3**

### 领 料 单

领料部门：尿素车间　　　　　开票日期：2021 年 10 月 8 日　　　　　　第 119 号

| 材料类别及编号 | 材料名称 | 规格 | 单位 | 请领数量 | 实发数量 | 计划价格/元 | |
|---|---|---|---|---|---|---|---|
| | | | | | | 单价 | 金额 |
| 辅助材料 3002 | 标准件 | | 个 | 50 | 50 | 20 | 1 000.00 |
| 用途 | 一般消耗 | 领料部门 | | | 发料部门 | | |
| | | 负责人 | 领料人 | 核准人 | 发料人 | | |
| | | | 周凡 | | 李小莉 | | |

附件 5-4

## 领 料 单

领料部门：成品车间　　　　　　开票日期：2021 年 10 月 8 日　　　　　　第 120 号

| 材料类别及编号 | 材料名称 | 规格 | 单位 | 请领数量 | 实发数量 | 计划价格/元 | |
|---|---|---|---|---|---|---|---|
| | | | | | | 单价 | 金额 |
| 辅助材料 3003 | 润滑油 | | 千克 | 120 | 120 | 12 | 1 440.00 |
| 用途 | 一般消耗 | 领料部门 | | | 发料部门 | | |
| | | 负责人 | 领料人 | 核准人 | 发料人 | | |
| | | | 李力 | | 李小莉 | | |

## 业务 6　报销差旅费

附件 6-1

## 差 旅 费 报 销 单

单位名称：成品车间　　　　　填报日期 2021 年 10 月 9 日　　　　　单位：元

| 姓名 | 李锋 | 职级 | | 出差事由 | 开会 | 出差时间 | 计划期 4 天 | | | |
|---|---|---|---|---|---|---|---|---|---|---|
| | | | | | | | 实际 4 天 | | | |
| 日期 | | 起止地点 | | 飞机、车、船票 | | 其他费用 | | | | |
| 月 | 日 | 起 | 止 | 类别 | 金额 | 项 目 | 标准 | 计算天数 | 核报金额 | |
| 1 | 5 | 娄底 | 广州 | 火车 | 180.00 | 住宿费 | 包干报销 | 70 | 4 | 280.00 | 备 |
| 1 | 8 | 广州 | 娄底 | 火车 | 180.00 | | 限额报销 | | | | 注 |
| | | | | | | 伙食补助费 | | | | |
| | | | | | | 车、船补助费 | | | | |
| | | | | | | 其他杂支 | | | | |
| 小计 | | | | | 360.00 | 小计 | | | 280.00 | |
| 总计金额（大写） | | 零仟陆佰肆拾零元零角零分 | | | | 预支 500.00 核销 640.00 补 140.00 | | | | |

主管：王洁　　　　部门：　　　　审核：朱红　　　　填报人：李锋

**附件 6-2**

## 领　　　据

2021 年 10 月 9 日　　　　　　　　　　　　　　　　　　第 101 号

今领到　　差旅费补款　————————————————————————————

人民币大写壹佰肆拾元整　　　　　　　¥140.00　————————————————————

```
                                   ┌─────────────────────────────┐
                                   │                             │
领款人：李锋                        │      现 金 付 讫             │
                                   │                             │
                                   └─────────────────────────────┘
```

会计主管：王洁　　　　　　　审核：朱红　　　　　　　　出纳：李茵

---

**业务 7　发放工资**

**附件 7-1**

中　国　工　商　银　行

转　账　支　票　存根（湘）

XII　　08152012

附加信息　————————————

————————————————

————————————————

出票日期　2021 年 10 月 15 日

| 收款人：湘中化肥厂 |
| 金　额：¥250 991.00 |
| 用　途：发放工资 |

单位主管　　　　会计

附件 7-2

## 工资结算汇总表

2021 年 10 月 15 日                                                      单位：元

| 部门 | 人员类别 | 人数/人 | 应付工资 | 三险一金计提基数 | 代扣款项 | | | | | | 实发工资 |
|---|---|---|---|---|---|---|---|---|---|---|---|
| | | | | | 养老保险（8%） | 失业保险（0.5%） | 医疗保险（2%+3 元/人） | 住房公积金（10%） | 个人所得税 | 小计 | |
| 合成车间 | 生产工人 | 20 | 67 312 | 60 000 | 4 800 | 300 | 1 260 | 6 000 | 0 | 12 360 | 54 952 |
| | 管理人员 | 3 | 9 899 | 8 200 | 656 | 41 | 173 | 820 | 0 | 1 690 | 8 209 |
| 尿素车间 | 生产工人 | 16 | 50 547 | 48 000 | 3 840 | 240 | 1 008 | 4 800 | 0 | 9 888 | 40 659 |
| | 管理人员 | 3 | 9 271 | 8 800 | 704 | 44 | 185 | 880 | 0 | 1 813 | 7 458 |
| 成品车间 | 生产工人 | 10 | 32 640 | 29 000 | 2 320 | 145 | 610 | 2 900 | 0 | 5 975 | 26 665 |
| | 管理人员 | 2 | 6 260 | 5 900 | 472 | 29.5 | 124 | 590 | 0 | 1 215.5 | 5 044.5 |
| 供水车间 | 生产工人 | 10 | 32 310 | 28 600 | 2 288 | 143 | 602 | 2 860 | 0 | 3 893 | 28 417 |
| | 管理人员 | 2 | 6 847 | 5 600 | 448 | 28 | 118 | 560 | 0 | 1 154 | 5 693 |
| 机修车间 | | 5 | 16 954 | 15 900 | 1 272 | 79.5 | 333 | 1 590 | 0 | 3 274.5 | 13 679.5 |
| 行政管理部门 | | 2 | 57 910 | 50 000 | 4 000 | 250 | 1 036 | 5 000 | 60 | 10 346 | 47 564 |
| 销售部门 | | 5 | 17 125 | 12 000 | 960 | 60 | 255 | 1 200 | 0 | 2 475 | 14 650 |
| 合计 | | 88 | 307 075 | 272 000 | 21 760 | 1 360 | 5 704 | 27 200 | 60 | 56 084 | 250 991 |

## 业务8 领用低值易耗品

**附件 8-1**

### 领 料 单

领料部门：合成车间　　　　　　　　开票日期：2021 年 10 月 16 日　　　　　　　　第 121 号

| 材料类别及编号 | 材料名称 | 规格 | 单位 | 请领数量 | 实发数量 | 计划价格/元 | |
|---|---|---|---|---|---|---|---|
| | | | | | | 单价 | 金额 |
| 低值易耗品 7001 | 工作服 | | 套 | 63 | 63 | 90 | 5 670.00 |
| 用途 | 劳动保护 | 领料部门 | | | 发料部门 | | |
| | | 负责人 | 领料人 | 核准人 | 发料人 | | |
| | | | 陈林 | | 于宏 | | |

**附件 8-2**

### 领 料 单

领料部门：尿素车间　　　　　　　　开票日期：2021 年 10 月 16 日　　　　　　　　第 122 号

| 材料类别及编号 | 材料名称 | 规格 | 单位 | 请领数量 | 实发数量 | 计划价格/元 | |
|---|---|---|---|---|---|---|---|
| | | | | | | 单价 | 金额 |
| 低值易耗品 7001 | 工作服 | | 套 | 51 | 51 | 90 | 4 590.00 |
| 用途 | 劳动保护 | 领料部门 | | | 发料部门 | | |
| | | 负责人 | 领料人 | 核准人 | 发料人 | | |
| | | | 周凡 | | 于宏 | | |

**附件 8-3**

### 领 料 单

领料部门：成品车间　　　　　　　　开票日期：2021 年 10 月 16 日　　　　　　　　第 123 号

| 材料类别及编号 | 材料名称 | 规格 | 单位 | 请领数量 | 实发数量 | 计划价格/元 | |
|---|---|---|---|---|---|---|---|
| | | | | | | 单价 | 金额 |
| 低值易耗品 7001 | 工作服 | | 套 | 19 | 19 | 90 | 1 710.00 |
| 用途 | 劳动保护 | 领料部门 | | | 发料部门 | | |
| | | 负责人 | 领料人 | 核准人 | 发料人 | | |
| | | | 李力 | | 于宏 | | |

附件 8-4

## 领 料 单

领料部门：供水车间　　　　　　开票日期：2021 年 10 月 16 日　　　　　　　　第 124 号

| 材料类别及编号 | 材料名称 | 规格 | 单位 | 请领数量 | 实发数量 | 计划价格/元 | |
|---|---|---|---|---|---|---|---|
| | | | | | | 单价 | 金额 |
| 低值易耗品 7001 | 工作服 | | 套 | 26 | 26 | 90 | 2 340.00 |
| 用途 | 劳动保护 | 领料部门 | | | 发料部门 | | |
| | | 负责人 | 领料人 | | 核准人 | 发料人 | |
| | | | 吴斌 | | | 于宏 | |

附件 8-5

## 领 料 单

领料部门：机修车间　　　　　　开票日期：2021 年 10 月 16 日　　　　　　　　第 125 号

| 材料类别及编号 | 材料名称 | 规格 | 单位 | 请领数量 | 实发数量 | 计划价格/元 | |
|---|---|---|---|---|---|---|---|
| | | | | | | 单价 | 金额 |
| 低值易耗品 7001 | 工作服 | | 套 | 28 | 28 | 90 | 2 520.00 |
| 用途 | 劳动保护 | 领料部门 | | | 发料部门 | | |
| | | 负责人 | 领料人 | | 核准人 | 发料人 | |
| | | | 王珊 | | | 于宏 | |

附件 8-6

## 领 料 单

领料部门：行政管理部门　　　　　开票日期：2021 年 10 月 16 日　　　　　　　第 126 号

| 材料类别及编号 | 材料名称 | 规格 | 单位 | 请领数量 | 实发数量 | 计划价格/元 | |
|---|---|---|---|---|---|---|---|
| | | | | | | 单价 | 金额 |
| 低值易耗品 7001 | 工作服 | | 套 | 40 | 40 | 90 | 3 600.00 |
| 用途 | 劳动保护 | 领料部门 | | | 发料部门 | | |
| | | 负责人 | 领料人 | | 核准人 | 发料人 | |
| | | | 吴成 | | | 于宏 | |

附件 8-7

### 领　料　单

领料部门：合成车间　　　　　　　开票日期：2021 年 10 月 16 日　　　　　　　第 127 号

| 材料类别及编号 | 材料名称 | 规格 | 单位 | 请领数量 | 实发数量 | 计划价格/元 | |
|---|---|---|---|---|---|---|---|
| | | | | | | 单价 | 金额 |
| 低值易耗品 7002 | 钳子 | | 个 | 10 | 10 | 15 | 150.00 |
| 用途 | 工具 | 领料部门 | | | 发料部门 | | |
| | | 负责人 | 领料人 | 核准人 | | 发料人 | |
| | | | 陈林 | | | 于宏 | |

附件 8-8

### 领　料　单

领料部门：尿素车间　　　　　　　开票日期：2021 年 10 月 16 日　　　　　　　第 128 号

| 材料类别及编号 | 材料名称 | 规格 | 单位 | 请领数量 | 实发数量 | 计划价格/元 | |
|---|---|---|---|---|---|---|---|
| | | | | | | 单价 | 金额 |
| 低值易耗品 7002 | 钳子 | | 个 | 15 | 15 | 15 | 225.00 |
| 用途 | 工具 | 领料部门 | | | 发料部门 | | |
| | | 负责人 | 领料人 | 核准人 | | 发料人 | |
| | | | 周凡 | | | 于宏 | |

附件 8-9

### 领　料　单

领料部门：成品车间　　　　　　　开票日期：2021 年 10 月 16 日　　　　　　　第 129 号

| 材料类别及编号 | 材料名称 | 规格 | 单位 | 请领数量 | 实发数量 | 计划价格/元 | |
|---|---|---|---|---|---|---|---|
| | | | | | | 单价 | 金额 |
| 低值易耗品 7002 | 钳子 | | 个 | 12 | 12 | 15 | 180.00 |
| 用途 | 工具 | 领料部门 | | | 发料部门 | | |
| | | 负责人 | 领料人 | 核准人 | | 发料人 | |
| | | | 李力 | | | 于宏 | |

## 附件 8-10

### 领　料　单

领料部门：机修车间　　　　开票日期：2021 年 10 月 16 日　　　　第 130 号

| 材料类别及编号 | 材料名称 | 规格 | 单位 | 请领数量 | 实发数量 | 计划价格/元 | |
|---|---|---|---|---|---|---|---|
| | | | | | | 单价 | 金额 |
| 低值易耗品 7002 | 钳子 | | 个 | 26 | 26 | 15 | 390.00 |

| 用途 | 工具 | 领料部门 | | 发料部门 | |
|---|---|---|---|---|---|
| | | 负责人 | 领料人 | 核准人 | 发料人 |
| | | | 王珊 | | 于宏 |

## 业务 9　支付电费

### 附件 9-1

43002052004　　　　　　**湖南省增值税专用发票**　　　　　No　00065854

发票联　　　　开票日期：2021 年 10 月 22 日

| 购货单位 | 名　称：湘中化肥厂 纳税人识别号：911431302789022218 地址、电话：娄底市涟滨街 8 号 开户行及账号：娄底市工行兴城支行 1913010109024569896 | 密码区 | 3489—1<9—7—61596214 8<032/52>9/29533—4971 1626<8—3024>80906—2 —48—6<7>2*—/>*>5 | 加密版本 01 43000452006 00065854 |
|---|---|---|---|---|

| 货物或应税劳务名称 | 计量单位 | 数量 | 单价 | 金额 | 税率 | 税额 |
|---|---|---|---|---|---|---|
| 电 | 度 | 306 000 | 0.60 | 183 600.00 | 13% | 23 868.00 |
| 合计 | | | | ¥183 600.00 | | ¥23 868.00 |

价税合计（大写）　贰拾万柒仟肆佰陆拾捌元零角零分　　　（小写）¥207468.00

| 销货单位 | 名　称：娄底市用电所 纳税人识别号：911431302451286762 地址、电话：娄底长青路 12 号，8587569 开户行及账号：工行长青支行 1913010119024569123 | 备注 | 委托收款 |
|---|---|---|---|

收款人：　　　复核：　　　开票人：　　　销货单位（章）

附件 9-2

| 委邮 | 委 托 收 款 凭 证（付款通知） | 委收号码：0035422 |

委托日期：2021 年 10 月 22 日

付款期限 2021 年 10 月 24 日

<table>
<tr><td rowspan="3">付款人</td><td>全称</td><td>湘中化肥厂</td><td rowspan="3">收款人</td><td>全称</td><td colspan="3">娄底市用电所</td></tr>
<tr><td>账号或地址</td><td>1913010109024569896</td><td>账号或地址</td><td colspan="3">1913010119024569123</td></tr>
<tr><td>开户银行</td><td>市工行兴城支行</td><td>开户银行</td><td>工行长青支行</td><td colspan="2">行号</td></tr>
<tr><td>委收金额</td><td colspan="2">人民币（大写）贰拾万柒仟肆佰陆拾捌元零角零分</td><td>千百十万千百十元角分</td><td colspan="3">¥ 2 0 7 4 6 8 0 0</td></tr>
<tr><td>款项内容</td><td>电费</td><td>委托收款凭据名称</td><td></td><td colspan="2">附寄单证张数</td><td>1</td></tr>
<tr><td>备注</td><td colspan="3"></td><td colspan="3">付款人注意：1、应于见票当日通知开户银行付款。2、如需拒付，应在规定期限内，将拒付理由书并附债务证明交退开户银行。</td></tr>
</table>

此联付款人开户银行给付款人按期付款的通知

中国工商银行娄底市兴城支行
★ 2021.10.24 ★
业 务 清 讫

单位主管　　会计　　复核　　记账　　付款人开户银行盖章　年　月　日

## 业务 10  支付水费

### 附件 10-1

43002052004　　　　**湖南省增值税专用发票**　　　No　00078542

发票联　　　　　　　开票日期：2021 年 10 月 22 日

| 购货单位 | 名　　　称：湘中化肥厂 | | | | | 2489—1＜9—7—61596214 | 加密版本 02 | 第二联：发票联购货单位记账凭证 |
|---|---|---|---|---|---|---|---|---|
| | 纳税人识别号：911431302789022218 | | | | | 8＜032/52＞9/29533—4971 | 43000452007 | |
| | 地 址、电话：娄底市涟滨街 8 号 | | | | 密码区 | 1626＜8—3024＞80906—2 | 00065855 | |
| | 开户行及账号：娄底市工行兴城支行 | | | | | —48—6＜7＞2*—/＞*＞5 | | |
| | 　　　　1913010109024569896 | | | | | | | |
| 货物或应税劳务名称 | 计量单位 | 数量 | 单价 | 金　　额 800 000.00 | 税率 | 税　　额 72 000.00 | | |
| 水 | 吨 | 200 000 | 4 | | 9% | | | |
| 合计 | | | | ¥800 000.00 | | ¥72 000.00 | | |
| 价税合计（大写）　　捌拾柒万贰仟元整 | | | | | | （小写）¥872 000.00 | | |
| 销货单位 | 名　　　称：娄底市自来水公司 | | | 委托收款 | | | | |
| | 纳税人识别号：911431302451287932 | | | | 备注 | | | |
| | 地 址：电话：娄底长春路 20 号，8388569 | | | | | | | |
| | 开户行及账号：工行长青支行 | | | | | | | |
| | 　　　　1913010119024555986 | | | | | | | |

收款人：　　　　　复核：　　　　　开票人：　　　　　销货单位（章）

附件 10-2

| 委邮 | 委 托 收 款 凭证（付款通知） | 委收号码：0026578 |
| --- | --- | --- |

委托日期：2021 年 10 月 22 日　　　付款期限 2021 年 10 月 24 日

| 付款人 | 全称 | 湘中化肥厂 | 收款人 | 全称 | 娄底市自来水公司 | 此联付款人开户银行给付款人按期付款的通知 |
|---|---|---|---|---|---|---|
| | 账号或地址 | 1913010109024569896 | | 账号或地址 | 1913010119024555986 | |
| | 开户银行 | 市工行兴城支行 | | 开户银行 | 工行长青支行　　行号 | |

| 委收金额 | 人民币（大写） | 捌拾柒万贰仟元整 | 千 | 百 | 十 | 万 | 千 | 百 | 十 | 元 | 角 | 分 |
|---|---|---|---|---|---|---|---|---|---|---|---|---|
| | | | | ¥ | 8 | 7 | 2 | 0 | 0 | 0 | 0 | 0 |

| 款项内容 | 水费 | 委托收款凭据名称 | | 附寄单证张数 | 1 |
|---|---|---|---|---|---|

| 备注 | | 付款人注意：1、应于见票当日通知开户银行付款。2、如需拒付，应在规定期限内，将拒付理由书并附债务证明交退开户银行。 |
|---|---|---|

中国工商银行娄底市兴城支行

2021.10.24

业 务 清 讫

单位主管　　　　会计　　　　复核　　　　记账　　　付款人开户银行盖章　年 月 日

## 业务 11　领用材料

### 附件 11-1

领　料　单

领料部门：成品车间　　　　　　开票日期：2021 年 10 月 25 日　　　　　　　　第 131 号

| 材料类别及编号 | 材料名称 | 规格 | 单位 | 请领数量 | 实发数量 | 计划价格/元 | |
|---|---|---|---|---|---|---|---|
| | | | | | | 单价 | 金额 |
| 包装物 6001 | 编织袋 | | 个 | 20 000 | 20 000 | 1 | 20 000.00 |
| 用途 | 包装尿素 | 领料部门 | | | 发料部门 | | |
| | | 负责人 | 领料人 | | 核准人 | 发料人 | |
| | | | 李力 | | | 于宏 | |

### 附件 11-2

领　料　单

领料部门：成品车间　　　　　　开票日期：2021 年 10 月 25 日　　　　　　　　第 132 号

| 材料类别及编号 | 材料名称 | 规格 | 单位 | 请领数量 | 实发数量 | 计划价格/元 | |
|---|---|---|---|---|---|---|---|
| | | | | | | 单价 | 金额 |
| 包装材料 5001 | 缝包线 | | 千克 | 80 | 80 | 6 | 480.00 |
| 用途 | 包装尿素 | 领料部门 | | | 发料部门 | | |
| | | 负责人 | 领料人 | | 核准人 | 发料人 | |
| | | | 李力 | | | 于宏 | |

## 业务 12　分配材料费用

### 附件 12-1

材料费用分配汇总表

2021 年 10 月 31 日

单位：元

| 应借科目 | | 原材料 | | | | | | | | | | | | | | | | | | 周转材料 | | | | | | | | | | 合计 | | |
| --- | --- | --- | --- | --- | --- | --- | --- | --- | --- | --- | --- | --- | --- | --- | --- | --- | --- | --- | --- | --- | --- | --- | --- | --- | --- | --- | --- | --- | --- | --- | --- | --- |
| | | 原料及主要材料 | | | 燃　料 | | | 辅助材料 | | | 修理用备件 | | | 包装材料 | | | 包装物 | | | 低值易耗品 | | | | | | | | | | | |
| | | 计划成本 | 实际成本 | 差异 | 计划成本 | 实际成本 | 差异 | 计划成本 | 实际成本 | 差异 | 计划成本 | 实际成本 | 差异 | 计划成本 | 实际成本 | 差异 | 计划成本 | 实际成本 | 差异 | 计划成本 | 实际成本 | 差异 | | | | | | | 计划成本 | 实际成本 | 差异 |
| 生产成本——基本生产成本 | 合成车间 | | | | | | | | | | | | | | | | | | | | | | | | | | | | | | |
| | 尿素车间 | | | | | | | | | | | | | | | | | | | | | | | | | | | | | | |
| | 成品车间 | | | | | | | | | | | | | | | | | | | | | | | | | | | | | | |
| 生产成本——辅助生产成本 | 供水车间 循环水 | | | | | | | | | | | | | | | | | | | | | | | | | | | | | | |
| | 精制水 | | | | | | | | | | | | | | | | | | | | | | | | | | | | | | |
| | 机修车间 | | | | | | | | | | | | | | | | | | | | | | | | | | | | | | |
| 制造费用 | 合成车间 | | | | | | | | | | | | | | | | | | | | | | | | | | | | | | |
| | 尿素车间 | | | | | | | | | | | | | | | | | | | | | | | | | | | | | | |
| | 成品车间 | | | | | | | | | | | | | | | | | | | | | | | | | | | | | | |
| | 供水车间 | | | | | | | | | | | | | | | | | | | | | | | | | | | | | | |
| 管理费用 | | | | | | | | | | | | | | | | | | | | | | | | | | | | | | | |
| 合　计 | | | | | | | | | | | | | | | | | | | | | | | | | | | | | | | |

审核：

制表：

备注：原材料成本差异率：-4%，包装物成本差异率：-2%，低值易耗品成本差异率：2%。

业务 13　分配电费

附件 13-1

### 外购动力费用分配表

2021 年 10 月 31 日　　　　　　　　　　　　　　　　　单位：元

| 应借科目 | | | 成本或费用项目 | 电费分配（分配率：　　） | |
|---|---|---|---|---|---|
| | | | | 用电度数/度 | 分配金额 |
| 生产成本——基本生产成本 | 合成车间 | | 燃料及动力 | 56 200 | |
| | 尿素车间 | | 燃料及动力 | 50 668 | |
| | 成品车间 | | 燃料及动力 | 36 420 | |
| 生产成本——辅助生产成本 | 供水车间 | 循环水 | 燃料及动力 | 38 112 | |
| | | 精制水 | 燃料及动力 | 35 214 | |
| | 机修车间 | | 水电费 | 11 215 | |
| 制造费用 | 合成车间 | | 水电费 | 3 800 | |
| | 尿素车间 | | 水电费 | 2 980 | |
| | 成品车间 | | 水电费 | 2 880 | |
| | 供水车间 | | 水电费 | 1 260 | |
| 管理费用 | | | 水电费 | 67 251 | |
| 合　计 | | | | 306 000 | |

审核：　　　　　　　　　　　　　　　　　制表：

业务 14　分配水费

附件 14-1

### 外购水费分配表

2021 年 10 月 31 日　　　　　　　　　　　　　　　　　单位：元

| 应借科目 | | 成本或费用项目 | 分配标准（产量：吨） | 分配率 | 分配金额 |
|---|---|---|---|---|---|
| 生产成本——供水车间 | 循环水 | 直接材料 | 120 000 | | |
| | 精制水 | 直接材料 | 80 000 | | |
| 合　计 | | | 200 000 | | |

审核：　　　　　　　　　　　　　　　　　制表：

## 业务 15  分配工资

附件 15-1

### 工资费用分配表

2021 年 10 月 31 日                                                           单位：元

| 应借科目 | | | 成本或费用项目 | 直接计入 | 分配计入 | | | 合计 |
|---|---|---|---|---|---|---|---|---|
| | | | | | 分配标准（产量） | 分配率 | 分配金额 | |
| 生产成本——基本生产成本 | | 合成车间 | 直接人工 | | | | | |
| | | 尿素车间 | 直接人工 | | | | | |
| | | 成品车间 | 直接人工 | | | | | |
| 生产成本——辅助生产 | 供水车间 | 循环水 | 直接人工 | | | | | |
| | | 精制水 | 直接人工 | | | | | |
| | | 小计 | | | | | | |
| | 机修车间 | | 职工薪酬 | | | | | |
| 制造费用 | | 合成车间 | 职工薪酬 | | | | | |
| | | 尿素车间 | 职工薪酬 | | | | | |
| | | 成品车间 | 职工薪酬 | | | | | |
| | | 供水车间 | 职工薪酬 | | | | | |
| 管理费用 | | | 职工薪酬 | | | | | |
| 销售费用 | | | 职工薪酬 | | | | | |
| 合　计 | | | | | | | | |

审核：                                   制表：

## 业务 16　计提五险一金、工会经费

附件 16-1

### 五险一金、工会经费计提表

2021 年 10 月 31 日　　　　　　　　　　　　　　　　　　　单位：元

| 应借科目 | | | 五险一金计提基数 | 短期薪酬 | | | | | 离职后福利 | | 合计 |
|---|---|---|---|---|---|---|---|---|---|---|---|
| | | | | 医疗保险（8%） | 工伤保险（0.2%） | 生育保险（0.8%） | 住房公积金（12%） | 工会经费（2%） | 养老保险（16%） | 失业保险（0.8%） | |
| 生产成本——基本生产成本 | 合成车间 | | 60 000 | | | | | | | | |
| | 尿素车间 | | 48 000 | | | | | | | | |
| | 成品车间 | | 29 000 | | | | | | | | |
| 生产成本——辅助生产成本 | 供水车间 | 循环水 | 17 160 | | | | | | | | |
| | | 精制水 | 11 440 | | | | | | | | |
| | | 小计 | 28 600 | | | | | | | | |
| | 机修车间 | | 15 900 | | | | | | | | |
| 制造费用 | 合成车间 | | 8 200 | | | | | | | | |
| | 尿素车间 | | 8 800 | | | | | | | | |
| | 成品车间 | | 5 900 | | | | | | | | |
| | 供水车间 | | 5 600 | | | | | | | | |
| 管理费用 | | | 50 000 | | | | | | | | |
| 销售费用 | | | 12 000 | | | | | | | | |
| 合　计 | | | 272 000 | | | | | | | | |

审核：　　　　　　　　　　　　　　制表：

业务 17　计提折旧

附件 17-1

## 固定资产折旧计算表

2021 年 10 月　　　　　　　　　　　　　　　　　　　单位：元

| 使用部门 | 固定资产类别 | 上月计提折旧 | 上月增加固定资产 | | 上月减少固定资产 | | 本月折旧 |
|---|---|---|---|---|---|---|---|
| | | | 原值 | 折旧 | 原值 | 折旧 | |
| 合成车间 | 房屋建筑物 | 850 | | | | | |
| | 机器设备 | 69 400 | 100 000 | | 40 000 | | |
| | 小计 | 70 250 | | | | | |
| 尿素车间 | 房屋建筑物 | 756 | | | | | |
| | 机器设备 | 49 086 | 80 000 | | | | |
| | 小计 | 49 842 | | | | | |
| 成品车间 | 房屋建筑物 | 1 260 | | | | | |
| | 机器设备 | 7 180 | | | 50 000 | | |
| | 小计 | 8 440 | | | | | |
| 供水车间 | 房屋建筑物 | 926 | | | | | |
| | 机器设备 | 6 500 | | | | | |
| | 小计 | 7 426 | | | | | |
| 机修车间 | 房屋建筑物 | 698 | | | | | |
| | 机器设备 | 2 265 | | | | | |
| | 小计 | 2 963 | | | | | |
| 管理部门 | 房屋建筑物 | 8 620 | 200 000 | | 100 000 | | |
| | 机器设备 | 1 969 | | | | | |
| | 小计 | 10 589 | | | | | |
| 合　计 | | 149 510 | | | | | |

审核：　　　　　　　　　　　　　制表：

备注：房屋建筑物月折旧率为 0.4%，机器设备月折旧率为 0.8%。

业务 18  摊销财产保险费和报刊杂志费

附件 18-1

### 费用分摊表

年　月　　　　　　　　　　　　　　　　单位：元

| 车间、部门 | 财产保险费 | | | 报刊杂志费 | | | 合　计 |
|---|---|---|---|---|---|---|---|
| | 实付数 | 分摊期限/月 | 本月分摊数 | 实付数 | 分摊期限/月 | 本月分摊 | |
| 合成车间 | 3 650 | 12 | | 318 | 12 | | |
| 尿素车间 | 2 490 | 12 | | 318 | 12 | | |
| 成品车间 | 1 870 | 12 | | 318 | 12 | | |
| 供水车间 | 1 760 | 12 | | 318 | 12 | | |
| 机修车间 | 1 230 | 12 | | 318 | 12 | | |
| 管理部门 | 4 580 | 12 | | 1 076 | 12 | | |
| 合　计 | 15 580 | | | 2 666 | | | |

审核：　　　　　　　　　　制表：

业务 19  登记供水车间制造费用明细账并分配供水车间制造费用

附件 19-1

### 供水车间制造费用分配表

年　月　　　　　　　　　　　　　　　　单位：元

| 产品名称 | 分配标准（工时：小时） | 分配率 | 分配金额 |
|---|---|---|---|
| 循环水 | 5 862 | | |
| 精制水 | 2 136 | | |
| 合　计 | 7 998 | | |

审核：　　　　　　　　　　制表：

业务20　登记辅助生产成本明细账，分配辅助生产费用（交互分配法）

附件20-1

### 辅助生产分配表

2021 年 10 月　　　　　　　　　　　　　　　　　　　　单位：元

| 项　　目 | | | 交互分配 | | | 对外分配 | | | 合　计 |
|---|---|---|---|---|---|---|---|---|---|
| | | | 循环水/吨 | 精制水/吨 | 机修车间/小时 | 循环水/吨 | 精制水/吨 | 机修车间/小时 | |
| 待分配费用 | | | | | | | | | |
| 劳务量 | | | 120 000 | 80 000 | 2 980 | | | | |
| 分配率 | | | | | | | | | |
| 生产成本——辅助生产成本 | 循环水 | 耗用数量 | | | 340 | | | | |
| | | 分配金额 | | | | | | | |
| | 精制水 | 耗用数量 | | | 270 | | | | |
| | | 分配金额 | | | | | | | |
| | 机修 | 耗用数量 | 480 | | | | | | |
| | | 分配金额 | | | | | | | |
| 生产成本——基本生产成本 | 合成车间 | 耗用数量 | | | | 69 400 | 49 900 | | |
| | | 分配金额 | | | | | | | |
| | 尿素车间 | 耗用数量 | | | | 47 660 | 30 100 | | |
| | | 分配金额 | | | | | | | |
| | 成品车间 | 耗用数量 | | | | | | | |
| | | 分配金额 | | | | | | | |
| 制造费用 | 合成车间 | 耗用数量 | | | | 600 | | | |
| | | 分配金额 | | | | | | | |
| | 尿素车间 | 耗用数量 | | | | 500 | | | |
| | | 分配金额 | | | | | | | |
| | 成品车间 | 耗用数量 | | | | 560 | | | |
| | | 分配金额 | | | | | | | |
| 管理费用 | | 耗用数量 | | | | 800 | 2 370 | | |
| | | 分配金额 | | | | | | | |
| 合　　计 | | | | | | | | | |

审核：　　　　　　　　　　　　　　　　　制表：

**业务 21 登记基本生产车间制造费用明细账，结转制造费用**

附件 21-1

### 基本生产车间制造费用分配表

年　月　　　　　　　　　　　　　　　　　　　　单位：元

| 生产步骤 | 金　额 |
|---|---|
| 合成车间 | |
| 尿素车间 | |
| 成品车间 | |
| 合　计 | |

审核：　　　　　　　　　　制表：

**业务 22 登记基本生产明细账，计算产品成本**

附件 22-1

### 产品成本计算单

车间：合成车间　　　　　　年　月　　　　　　完工数量：1 550 吨

产品：合成氨　　　　　　　　　　　　　　在产品数量：100 吨

单位：元

| 项　　目 | 直接材料 | 直接人工 | 制造费用 | 燃料及动力 | 合　计 |
|---|---|---|---|---|---|
| | | | | | |
| | | | | | |
| | | | | | |
| | | | | | |
| | | | | | |
| | | | | | |
| | | | | | |
| | | | | | |
| | | | | | |

审核：　　　　　　　　　　制表：

附件 22-2

## 半成品转移单

交付单位：合成车间 单位：元

| 产品名称 | 计量单位 | 检验结果 | | 数量 | 单位成本 | 金额 |
|---|---|---|---|---|---|---|
| | | 合格 | 不合格 | | | |
| 合成氨 | 吨 | 1 550 | | 1 550 | | |

车间主任：钱林　　　检验：乔弘　　　接收单位：尿素车间　　　经办：周凡

附件 22-3

## 产品成本计算单

车间：尿素车间　　　　　　　　　年　月　　　　　　　　完工数量：1 550 吨

产品：散尿素　　　　　　　　　　　　　　　　　　　　在产品数量：0

单位：元

| 项　　目 | 直接材料 | 直接人工 | 制造费用 | 燃料及动力 | 半成品 | 合　计 |
|---|---|---|---|---|---|---|
| | | | | | | |
| | | | | | | |
| | | | | | | |
| | | | | | | |
| | | | | | | |
| | | | | | | |
| | | | | | | |
| | | | | | | |
| | | | | | | |

审核：　　　　　　　　　　　　　制表：

附件 22-4

## 半成品转移单

交付单位：尿素车间　　　　　　　年　月　　　　　　　　　　　单位：元

| 产品名称 | 计量单位 | 检验结果 | | 数量 | 单位成本 | 金额 |
|---|---|---|---|---|---|---|
| | | 合格 | 不合格 | | | |
| 尿素 | 吨 | 1 550 | | 1 550 | | |

车间主任：孙瀚　　　检验：乔弘　　　接收单位：成品车间　　　经办：李力

附件 22-5

## 产品成本计算单

车间：成品车间　　　　　　　　　　年　月　　　　　　　　　　完工数量：1 480 吨

产品：尿素　　　　　　　　　　　　　　　　　　　　　　　　在产品数量：175 吨

单位：元

| 项　　　目 | 直接材料 | 直接人工 | 制造费用 | 燃料及动力 | 半成品 | 合　　　计 |
|---|---|---|---|---|---|---|
| | | | | | | |
| | | | | | | |
| | | | | | | |
| | | | | | | |
| | | | | | | |
| | | | | | | |
| | | | | | | |
| | | | | | | |
| | | | | | | |

审核：　　　　　　　　　　　　　　　制表：

附件 22-6

## 成本还原计算表

年　月　　　　　　　　　　　　　　　　　单位：元

| 行次 | 项目 | 散尿素 | 合成氨 | 直接材料 | 直接人工 | 制造费用 | 燃料及动力 | 合　　计 |
|---|---|---|---|---|---|---|---|---|
| 1 | 还原前总成本 | | | | | | | |
| 2 | 散尿素成本构成 | | | | | | | |
| 3 | 第一次还原 | | | | | | | |
| 4 | 合成氨成本构成 | | | | | | | |
| 5 | 第二次还原 | | | | | | | |
| 6 | 还原后总成本 | | | | | | | |
| 7 | 单位成本 | | | | | | | |

**附件 22-7**

## 产成品入库单

仓库：产品仓库 单位：元

| 产品名称 | 计量单位 | 数量 | 单位成本 | 金额 |
|---|---|---|---|---|
| 尿素 | 吨 | 1 480 | | |

交付单位：成品车间 车间主任：刘成 检验：乔弘 仓管员：陈明

参考答案